水上突发事件
应急救援与医学急救

卢红建　主审

陈建荣　张利远　主编

江苏大学出版社
JIANGSU UNIVERSITY PRESS

镇 江

图书在版编目（CIP）数据

水上突发事件应急救援与医学急救 / 陈建荣，张利远主编. -- 镇江：江苏大学出版社，2024. 12.

ISBN 978-7-5684-2425-7

Ⅰ. G861.17

中国国家版本馆CIP数据核字第20245GB746号

水上突发事件应急救援与医学急救

主　　编/陈建荣　张利远

责任编辑/仲　蕙

出版发行/江苏大学出版社

地　　址/江苏省镇江市京口区学府路 301 号(邮编:212013)

电　　话/0511-84446464(传真)

网　　址/http://press. ujs. edu. cn

排　　印/镇江文苑制版印刷有限责任公司

印　　刷/镇江文苑制版印刷有限责任公司

开　　本/710 mm×1 000 mm　1/16

印　　张/15

字　　数/264 千字

版　　次/2024 年 12 月第 1 版

印　　次/2024 年 12 月第 1 次印刷

书　　号/ISBN 978-7-5684-2425-7

定　　价/60. 00 元

如有印装质量问题请与本社营销部联系(电话:0511-84440882)

刘　毅（南通消防救援支队）

刘　颖（南通大学第二附属医院）

沈君华（南通大学第二附属医院）

施建飞（南通消防救援支队）

孙新宇（南通海事局）

唐志和（南通大学第二附属医院）

王成龙（上海交通大学附属新华医院）

邢佳丽（南通大学第二附属医院）

许俊华（江苏省东台市人民医院）

余　湛（南京医科大学附属江宁医院）

翟明之（南通大学第二附属医院）

张利远（南通大学第二附属医院）

张　鹏（南通大学第二附属医院）

朱保锋（南通大学第二附属医院）

编写秘书：周　浩（南通大学第二附属医院）

前　言

　　江苏省南通市位于中国东部海岸线与长江交汇处、长江入海口北翼，依江傍海，地理位置优越，是江苏省唯一同时拥有沿江和沿海深水岸线的城市，是"一带一路"倡议和推动长江经济带发展的重要节点城市。为推进沿海开发、江海联动、陆海统筹，保障人民群众生命财产安全，南通市第一人民医院积极整合南通市应急管理、灾难救援与医学急诊急救方面的专家资源，在国内较早地开始了水上突发事件应急救援与医学急救的资源组织、系统联动、统一协调的系统研究，积极创建江苏省水上紧急医学救援基地，并在 2021 年 11 月被江苏省卫生健康委员会命名为"江苏省水上紧急医学救援基地"。

　　《水上突发事件应急救援与医学急救》旨在归纳和总结创建水上紧急医学救援基地的经验，对水上突发事件的应急救援与医学急救进行系统规范和行动示范，期望能为参加政府应急管理、海事救援、消防救援、医疗救治的各方面力量提供一本既能全面了解水上突发事件应急救援与医学急救的组织规范和技术要求，又能使各救援救治环节相互衔接的参考工具书。

　　本书包括上、下两篇。第一篇主要围绕水上突发事件的组织应对和技术救援展开介绍，包括水上突发事件与水上应急救援概述、水上应急救援装备简介、水上应急救援的知识准备和基本原则、水上应急救援技术、水上应急救援应急预案的制定与实施准备。第二篇主要围绕水上突发事件的医学急救展开介绍，包括水上医学救援概述、水上医学救治常见病症、现场急救技术。

　　本书在编写时充分考虑了应急管理、海事救援、消防救援、医学急救等各部门涉及的水上突发事件救援人员的知识需求，力争用清晰的结构、简洁的表述和生动的图文呈现丰富的内容，使读者能够轻松了解和掌握水

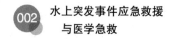
上突发事件应急救援与医学急救的系统知识。希望本书能进一步推动水上突发事件应急救援与医学急救的系统研究，为保障人民群众生命财产安全、促进社会和谐稳定贡献力量。

　　水上突发事件应急救援与医学急救是一个系统工程，本书内容涉及多个领域，专业跨度较大，需要进行多学科知识的衔接和整合，同时灾难救援的相关政策和管理规范仍在不断完善和更新，加之受编者的理论认知和实践经验所限，书中难免存在不足之处，恳请广大读者提出宝贵意见。

　　谨对在本书编写及出版过程中给予指导和帮助的专家和同道表示衷心的感谢！

陈建荣　张利远

2024 年 12 月

目　录

上篇：水上应急救援

下篇：水上医学急救

上篇：水上应急救援

第一章

水上突发事件与水上应急救援概述

第一节　水上突发事件

在英语中，表示"突发事件"的单词较多，它们含义相近，但在不同场合使用不同的单词，如 accident，event，incident，disaster，disruption，crisis，emergency 等。accident 通常用于描述偶发事故且多取负面意义；incident 在应急管理及与安全相关的文献中出现的频率较高，用于描述突发的、可能造成损失的事件，在报告灾难性事件时通常使用这个单词；disaster 多用于大规模的灾难性事件，尤其是自然灾害；emergency 则是最常用的表示"突发事件"的单词，具有突发性、紧迫性和危害性的词义特征，是应急管理中的常用单词。医院的急诊科使用 emergency，说明相对于普通门诊，急诊具备更高的紧迫性和优先性。另外，risk 译为"风险"，是更广义的概念。突发事件是风险事件中烈度最高的一类。

在汉语中，"突发事件""紧急事件""戒严状态""非常状态"等在表述上不尽一致，但含义相近。在《中华人民共和国突发事件应对法》及中共中央、国务院印发的《国家突发事件总体应急预案》中，突发事件均指突然发生，造成或者可能造成严重社会危害，需要采取应急处置措施予以应对的自然灾害、事故灾难、公共卫生事件和社会安全事件。按照社会危害程度、影响范围等因素，自然灾害、事故灾难、公共卫生事件分为特别重大、重大、较大和一般四级。

水上突发事件属于突发事件的一个子类，可以概括为船舶、设施等在水上运输、生产过程中突然发生的，造成或可能造成重大人员伤亡、财产损失、生态环境破坏和严重社会危害，危及公共安全的紧急事件。

一、水上突发事件的类型与分级

（一）突发事件的类型

结合国内外的应急管理经验，依据突发公共事件的发生性质、过程和机理，可以将突发事件分为四大类，即自然灾害、事故灾难、公共卫生事件和社会安全事件。各类突发事件往往交叉关联，可能同时发生，或者引发次生、衍生事件，因此应当具体分析，统筹应对。

1. 自然灾害

自然灾害是指地质、气象、水文等自然原因引起的灾害事件，主要包括水旱、气象、地震、地质、海洋、生物灾害和森林草原火灾等。

2. 事故灾难

事故灾难是指在人们生产、生活过程中，直接由人的生产、生活活动引发的，违反人们意志的意外事件，主要包括工矿商贸等生产经营单位的各类生产安全事故，交通运输、海上溢油、公共设施和设备、核事故，火灾和生态环境、网络安全、网络数据安全、信息安全事件等。

3. 公共卫生事件

公共卫生事件是指突然发生，造成或者可能造成社会公众健康严重损害的重大事件，主要包括传染病疫情、群体性不明原因疾病、群体性中毒，食品安全事故、药品安全事件、动物疫情，以及其他严重影响公众生命安全和身体健康的事件。

4. 社会安全事件

社会安全事件是指因社会矛盾、人为因素或突发性威胁引发的，对社会公共秩序、人民群众生命财产及国家安全造成或可能造成严重危害的突发事件，主要包括刑事案件和恐怖、群体性、民族宗教事件，金融、涉外和其他影响市场、社会稳定的突发事件。

（二）水上突发事件的分类与分级

水上突发事件是指船舶、设施在水上发生火灾、爆炸、碰撞、搁浅、沉没，油类物质或危险化学品泄漏以及民用航空器水上遇险造成或可能造成人员伤亡（失踪）、财产损失的事件。

按照突发事件的分类原则，结合水上突发事件的性质和特点，将水上突发事件分为四类：① 水上自然灾害，如台风、海啸；② 水上交通事故和险情，如船舶碰撞、火灾、搁浅；③ 水上污染事故和险情，如船舶溢油事故；④ 船舶保安事件，如遭遇海盗、劫匪或恐怖袭击等。

分级管理是突发事件应急管理的原则之一，应针对不同危害程度的水上突发事件，制定不同的应急预案并据此开展应对工作。《国家海上搜救应急预案》根据国家突发事件险情上报的有关规定，并结合海上突发事件的特点及突发事件对人命安全、海洋环境的危害程度和事态发展趋势，将海上突发事件险情信息分为特大、重大、较大、一般四级。

以下是某地根据《国家海上搜救应急预案》制定的海上突发事件险情分级：

1. 符合下列情况之一的，为特别重大海上突发事件

（1）造成 30 人以上死亡（含失踪）。

（2）危及 30 人以上生命安全。

（3）客船、危险化学品船发生严重危及船舶或人员生命安全的事件。

（4）单船 10000 总吨以上船舶发生碰撞、触礁、火灾等对船舶及人员生命安全造成威胁。

（5）急需国务院协调有关地区、部门或军队共同组织救援。

（6）其他可能造成特别重大危害、社会影响的海上突发事件。

2. 符合下列情况之一的，为重大海上突发事件

（1）造成 10 人以上、30 人以下死亡（含失踪）。

（2）危及 10 人以上、30 人以下生命安全。

（3）载员 30 人以下的民用航空器在海上发生突发事件。

（4）3000 总吨以上、10000 总吨以下的非客船、非危险化学品船发生碰撞、触礁、火灾等对船舶及人员生命安全造成威胁。

（5）其他可能造成严重危害、社会影响和国际影响的海上突发事件。

3. 符合下列情况之一的，为较大海上突发事件

（1）造成 3 人以上、10 人以下死亡（含失踪）。

（2）危及 3 人以上、10 人以下生命安全。

（3）500 总吨以上、3000 总吨以下的非客船、非危险化学品船发生碰撞、触礁、火灾等对船舶及人员生命安全造成威胁。

（4）其他造成或可能造成较大社会影响的海上突发事件。

4. 符合下列情况之一的，为一般海上突发事件

(1) 造成3人以下死亡（含失踪）。

(2) 危及3人以下生命安全。

(3) 500总吨以下的非客船、非危险化学品船发生碰撞、触礁、火灾等对船舶及人员生命安全造成威胁。

(4) 其他造成或可能造成一般危害后果的海上突发事件。

二、水上突发事件的特点

水上突发事件的发生原因多样，不同类型水上突发事件的发生机理也不尽相同。通常，水上突发事件具有突发性、危害性等多种特征。

（一）发生的突然性

突发事件经历事物内在矛盾由量变到质变的爆发式发展过程，是各种因素综合作用的结果。突发事件通常有一定的诱发因素，这些诱发因素具有一定的偶然性和隐蔽性。因此，突发事件的发生往往出乎人们的意料，但也不排除部分突发事件发生前有征兆。总体而言，水上突发事件发生的确切时间、具体地点、实际规模、发展态势和影响程度是难以准确预测的，而且相对于陆地环境，水上情况更为复杂，因此对水上突发事件的预判难度更大。

（二）事故的复杂性

水上突发事件通常包括船舶碰撞、搁浅、触礁、火灾、船体破裂、失控、溢油、有害化学物质泄露、人员遇险及航空器水上事故等，事件类型繁多且发生原因相当复杂：有由自然因素引发的，如台风、海啸等；也有由人为因素引起的，如船舶操作不当、麻痹大意、疏于瞭望等；还有由自然因素和人为因素叠加作用引发的，如在灾害性天气情况下的人为失误。随着社会经济的发展，水上工程作业平台和航运船舶，无论是种类还是数量都在不断增加，水上航线和作业区内的船舶密度越来越大，加之诸多因素的影响，水上突发事件的类型及其应对行动变得更为复杂。

【案例1】2015年6月1日21时30分，隶属于重庆东方轮船公司的"东方之星"轮，在从南京驶往重庆途中突遇罕见强对流天气，在湖北省荆州市监利县长江大马洲水道翻沉。沉船事件发

生后，交通运输部门、解放军、武警部队和公安干警、沿江省市等调集动员了大批专业搜救人员、解放军、武警和消防官兵以及沿江地区群众，采取空中巡航、水面搜救、水下搜救、进舱搜救和全流域搜救相结合的方式，在事发地及下游水域开展全方位、立体式、拉网式搜寻。

截至 2015 年 6 月 13 日，经有关各方反复核实、逐一确认，"东方之星"号客轮上共有 454 人，其中 12 人成功获救，442 人遇难。

2015 年 12 月 30 日，长江沉船事故调查报告公布，经国务院调查组调查认定，"东方之星"号客轮翻沉事件是一起由突发罕见的强对流天气（飑线伴有下击暴流）带来的强风暴雨袭击导致的特别重大灾难性事件。

【案例 2】2018 年 1 月 6 日 20 时许，巴拿马籍油船"桑吉"轮与中国香港籍散货船"长峰水晶"轮在长江口以东约 160 海里处发生碰撞。"长峰水晶"轮局部破损，21 名船员弃船逃生，随后被赶来的中国渔船安全救起。"桑吉"轮则全船起火燃烧，船员失联。"桑吉"轮装载有约 11.13 万吨凝析油，持续泄漏、燃烧爆炸。事故共造成 3 人死亡、29 名船员失联。

根据中国提交的事故安全调查报告，两船在碰撞前 18 分钟正在形成"交叉相遇局面"，作为让路船的"桑吉"轮没有采取让路行动是造成事故的直接原因。

(三) 危害的严重性

水上突发事件危害的严重性不仅限于对人民生命财产安全构成直接威胁。上述案例中，"东方之星"轮翻沉事故共造成 442 人遇难，中国保监会公布的统计数据表明，保险业共承保失事客船船东、相关旅行社、乘客和船员投保的各类保险 340 份，保险金额共计 9252.08 万元。"桑吉"轮与"长峰水晶"轮碰撞事故则是自 2016 年 1 月伊朗国际贸易制裁解除以来，首起造成人员伤亡和环境污染的伊朗关联油船的重大海事事件。此次碰撞事故造成的凝析油泄漏，或将给东海海域水生生物种类（包括鲸类、海洋兽类、鱼类、贝类、甲壳类、珊瑚类等）众多、资源丰富、特有性高的海洋生态带来严重影响。这些案例表明，无论水上突发事件的性质和规模如何，其危害往往具有连带效应，可能引发次生危机或衍生事故，导致更为严重的损失并危害人类社会和自然环境。

（四）反应的紧迫性

反应的紧迫性是指突发事件的现场情况处置往往极为紧迫，关系到个人、组织甚至是社会的安危，不仅必须立刻处理，而且要妥善处理。水上突发事件的特点是发生突然，且发展态势往往非常迅猛，若不及时控制，可能会扩大损失。因此，不管是船舶工作人员、应急救援人员还是应急组织指挥者，对水上突发事件的反应越及时、决策越准确、行动越迅速，事件所造成的危害就会越小。在突发事件的处置中，对时间的把握很大程度上决定了应对的成效。如果水上突发事件应急管理部门未能及时响应，也未能开展准确、有效的救援行动，后果将不堪设想。

（五）处置的艰难性

水上突发事件处置的艰难性体现在应急处置行动往往受多种因素影响。如果水上突发事件叠加气象条件差及风大浪高且能见度差等恶劣情况，就会妨碍救援船只的出航、靠近和施救，甚至只能任由失事船只随风浪漂移。应急救援技术和组织管理等非自然因素也会对水上突发事件的处置产生重要影响。例如，在事故海域快速与事故船舶建立联系，在技术上本就不容易实现，如果是在夜间能见度低的情况下，搜救工作将变得异常艰难。有些治安性水上突发事件往往涉及经济活动和社会治安问题，救援力量到达现场后，不仅要及时施救，还要控制好当事人的情绪，以防止事态进一步扩大。这些都是水上突发事件处置艰难性的具体体现。

（六）影响的广泛性

水上突发事件无论性质和规模如何，都会不同程度地造成经济损失和环境破坏，影响相关人员的正常生活与工作秩序，甚至威胁生命安全。这些直接和间接的损害会对个体心理和社会大众心理造成破坏性冲击，进而影响社会生活的各个方面。突发事件的后果越严重，损害程度越大，危害的影响范围也就越大。另外，随着国际交往的日益频繁，中国海域内水上突发事件的涉外特征日益显著，妥善处置这类事件关乎国家的根本利益和国际形象。

（刘天祥　孙新宇）

第二节　水上应急救援

基于对突发事件特征及其生命周期的分析可以看出，任何突发事件的发生、发展以及衰亡都有其客观规律，及时有效地进行干预可以控制事态发展。事实上，一次有效的应急救援体现在以下3个方面：一是应急救援必须及时，尽早发现并进行干预，这对降低损失极为重要；二是干预措施必须正确，不正确的救援不仅不能有效控制事态发展，还有可能造成更大的损失；三是救援保障必须充分，要提供必要且充分的应急物资、装备，否则，即使救援及时、措施正确也不能保证救援有效。显然，能否有效应对水上突发事件，取决于应急救援资源保障机制是否有效，即能否将救援人员、物资装备等及时送达事发地点，并对遇险人员与财产提供救助与保护。

一、水上应急救援资源的保障与配置

应急救援资源是指救援人员和救援装备，包括事故单位自身的应急资源、水上其他单位的应急资源、岸基救援力量，以及通过协调可使用的其他陆地单位的应急资源等。从水上应急救援资源的配备方式看，可以将资源分为两部分：一是在事故发生前，用于日常生产、事故预防等的安全防护装备；二是在事故发生后，用于遇险人员、财产以及环境保护的应急救援装备。两部分资源之间没有明确的界线，并且互为冗余备份。

水上应急救援的资源配置必须充足、合理，以满足突发事件救援保障的基本要求。现实中，尽管有关规定要求水上生产经营单位必须为事故预防及应急救援配备必要的资源，但其自有资源往往不能满足水上应急救援的需要。为了弥补救援资源在种类和数量上的不足，通常需要借助救援协调保障机制，以获得尽可能多的救援资源。《联合国海洋法公约》《1958年日内瓦公海公约》《1979年国际海上搜寻救助公约》《1989年国际救助公约》等都规定：相关船舶及沿岸国家或地区的相关机构都有义务对水上遇险人员提供救援。《中华人民共和国海商法》《中华人民共和国海上交通安全法》等也对水上事故的救援义务做出了明确的规定，为水上应急救援资源的可得性提供了法律保障。

水上应急救援资源保障不仅指为水上突发事件应急救援提供充足的救

援人员、救援物资和装备，还包括对救援资源进行合理的调度，以及时将救援人员、物资装备等运送至指定地点，并对事故中的遇险人员及财产等实施保护或迅速将其转移至安全地点进行安顿和实施救治等。此外，如果发生危化品的污染、泄漏事故，还需要及时对泄漏的污染物或废弃物等进行回收和处置。所有上述应急救援工作的开展，都离不开各救援单位的密切配合，可以说，制定救援协调保障机制是水上应急救援中最重要的资源保障方式。

由于突发事件具有突发性，生产经营单位必须配备应急救援资源，但物资装备等应急救援资源的使用频率通常很低，长期处于闲置状态，这导致生产经营单位要为资源仓储占用、维护保养和周期性更新等支付成本。如果能有效利用这些资源，并给予相应的补偿，从资源所有者的角度看，可以提高救援资源的使用率，降低配置成本；而从整个社会的角度看，可以避免社会应急救援资源的总体闲置。由此可见，应急救援资源的利用与救援协调保障机制有直接关系，参与救援协作的单位越多，救援资源的利用效率就越高，这不仅提高了救援保障的能力，还能降低资源配置的社会总成本。

总之，有必要建立更广泛的协调机制以优化应急救援资源配置、提升其利用效率。只有将水上应急救援体系纳入国家或地区各类突发公共事件的整体应急救援体系之中，才能真正实现救援资源的优化配置。

二、水上应急救援的组织与协调

高效有序的组织与协调是确保应急救援资源合理调度、减少事故损失的极为重要的保障条件，因此，由处于事发水域及其沿岸地区的政府相关机构进行组织与协调救援工作，对合理调动海上、陆地及空中力量参与水上应急救援是十分必要的。

《1979 年国际海上搜寻救助公约》规定，各缔约方须为其海岸附近的海上遇险人员搜救做出必要的安排，建立海上救助协调中心（maritime rescue coordination center，MRCC）和适当的救助分中心，使其搜救服务机构能对海上遇险呼叫做出迅速反应，并须对任何海上遇险人员提供救援，而不考虑遇险人员的国籍、身份、所处环境或是否属于船舶交通运输事故。可见，水上应急救援并非仅限于对"海损事故"的救援，而应对任何水上遇险人员开展救援，这是各缔约方必须履行的国际义务，没有任何附加条件。为保证组织与协调工作有效开展，该公约还规定每一个缔约方都应授权其分管的 MRCC 以下权利：

（1）向其他救助协调中心请求必要的援助，包括船舶、航空器、人员或设备；

（2）对于此类船舶、航空器、人员或设备进入或越过其领海或领土，给予必要的许可；

（3）与相应的海关、移民、卫生或其他当局做出加速此种进入的必要安排；

（4）与其他救助协调中心合作做出必要安排，以便为海上遇险人员确定最合适的下船地点。

为加强突发事件救援时水域与空域的协调与合作，充分发挥空中救援力量的快速与机动性作用，国际海事组织（IMO）还与国际民航组织（ICAO）联合制订了《国际航空和海上搜寻救助手册》（即 IAMSAR 手册），规定各缔约方须保证海上服务和航空服务间最密切可行的协调，建立联合的 MRCC 及救助分中心，尽可能使用共同程序为海上和航空提供服务，并在国际遇险频率保持必要的无线电值守。如收到海上或空中的遇险呼叫，须立即通知合适的 MRCC 或救助分中心，根据需要在适当的频率上重复播放通知，在重复播放前应发出适当的自动报警信号，并依照主管部门的决定采取行动。任何收到遇险情报的单位，应迅速对情报进行评估，在能力范围内立即采取一切可行的行动进行援助或向可能提供援助的单位报警。

中国将 MRCC 称为海上搜救中心，并将其划分为国家级、省级和市级3 个层级。国家级海上搜救中心在国务院和中央军委领导下，负责统一组织、协调全国海上搜救工作。各沿海地区省级海上搜救中心在本级人民政府和国家级海上搜救中心的指导下，负责本省（市）区域内的海上搜救工作。市级海上搜救中心是省级海上搜救中心根据需要在所辖地级市设立的海上搜救分支机构，负责接收海上遇险呼叫信息和向上级报告，以及在指定搜救区域内开展搜救行动或任务的指挥协调工作。除海上搜救中心外，中国还有由各级政府部门投资建设的专业救助力量和军队、武警力量，政府部门所属公务救助力量，其他可投入救助行动的民用船舶与航空器，企事业单位、社会团体、个人等社会人力和物力资源共同组成的海上应急救

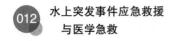

助力量。

中国水上应急救援的专业力量由交通运输部救捞系统专业救助船舶和救助飞机组成。交通运输部救捞系统（中国救捞）始建于 1951 年 8 月 24 日，是我国唯一一支国家海上专业救助打捞队伍，由交通运输部救助打捞局和下属 6 个局即北海、东海、南海救助局，烟台、上海、广州打捞局，以及华德海洋工程有限公司组成。截至 2024 年 10 月，交通运输部救捞系统（中国救捞）拥有各型救捞船舶 218 艘，救助航空器 33 架。在北起鸭绿江江口、南至南沙海域，建立了 24 个救助基地和 84 个海上救助值班待命点、11 个救助航空器待命点，形成了"三位一体"的海空立体救捞网络体系。

水上突发事件发生后，遇险人员或船舶等首先应展开自救，必要时对外发布求救信号；各单位在收到突发事件求救信息后应立即转发该信息，直到第一个做出反应的 MRCC（第一 MRCC）给予确认；第一 MRCC 同时向所有可能参与水上应急救援的单位和其他 MRCC 发布通告。如果多个 MRCC 同时对遇险报警给予确认，则由各相关救助协调中心尽快推选某一协调中心作为责任救助协调中心（责任 MRCC）负责救援组织工作，直到救援工作结束。责任 MRCC 在获得协调指挥权后，应负责组织和指挥救援，并与其他救援机构协调，直到救援工作结束。根据《1979 年国际海上搜寻救助公约》的有关规定，无论事故是否在其责任辖区内，首先获得遇险信息的救助协调中心（即第一 MRCC）始终是该次事件的救助责任者。显然，第一 MRCC 对启动和协调整个搜救工作起主导作用，尽管其职责通常会为责任 MRCC 所接替，但必要时第一 MRCC 的主导作用可一直持续到整个救援活动结束。

事实上，对于发生在水域的巨灾事件，如发生污染泄漏事故等，可能会触发沿岸国家或地区的突发公共事件应急响应。此时，作为突发公共事件的一部分，责任 MRCC 除了负责向主管机关和当地政府通报信息外，还应在当地政府应急指挥中心的领导下，负责水上应急救援的指挥协调工作，协调不同地区的水陆空救援力量共同开展救援。

三、水上应急救援制度与责任划分

中国水上应急救援的主要制度规范是《国家海上搜救应急预案》，其编制目的是建立国家海上搜救应急反应机制，迅速、有序、高效地组织海上突发事件的应急反应行动，救助遇险人员，控制海上突发事件扩展，最大程度地减少海上突发事件造成的人员伤亡和财产损失；履行中国缔结或参加的有关国际公约；实施双边和多边海上搜救应急反应协定。该应急预案的工作原则是：政府领导，社会参与，依法规范；统一指挥，分级管理，属地为主；防应结合，资源共享，团结协作；以人为本，科学决策，快速高效。

各地方政府也制定了一些水上应急救援制度规定，其中《江苏省水上搜寻救助条例》第四条规定，"水上搜寻救助实行统一领导、综合协调、分级负责、属地管理为主的体制"，这对江苏省水上搜救的应急体制进行了规范。"统一领导"是指在水上突发事件应急反应的各项工作中，必须坚持由县级及以上地方人民政府统一领导，成立应急指挥机构，对水上搜寻救助工作实行统一指挥。"综合协调"是指参与水上突发事件应对的主体多样，需要协调的力量既有政府及其部门，也有国家垂直管理的相关单位，还有社会组织、企事业单位、基层自治组织、公民个人，甚至还有国家军事力量或者国际援助力量；既有专业搜寻救助力量，也有被确定的水上搜寻救助力量，以及其他社会救助力量和志愿者队伍。"分级负责"是指《国家海上搜救应急预案》按照人员伤亡、水污染程度等，建立了相应的响应机制，明确了各级政府在应对水上突发事件中的责任。"属地管理为主"是指水上突发事件发生地的当地政府是发现突发事件苗头、预防发生、首先应对、防止扩散的第一责任人，赋予其统一实施应急处置的权力。

简言之，水上搜救体制按照"统一领导、综合协调、分级负责、属地管理为主"的原则，科学设置和合理配置应急指挥机构、日常运行机构、现场指挥机构等机构及其职能，能有效协调水上搜救力量与专家咨询机构，进行分类分级应急响应，及时组织快速有效的水上搜救行动。

（刘天祥　李　枫　凌建锋）

第二章

水上应急救援装备简介

水上应急救援包括海事救援、涉水自然灾害救援和水上其他事故救援。对比陆地救援，水上应急救援的装备应满足水上突发事件救援的特征需求，具有专业保障的特殊技术性能。因此，为水上应急救援队伍配备专业的水上应急救援装备非常必要。

第一节　水上应急救援装备的分级分类

水上应急救援装备按照装备的体量、作用及重要性可大致划分为重、中、轻型装备。

重型水上应急救援装备适用于深海或者是远离海岸线的大规模水上突发事件的应急处理，重型装备能够自成体系，有着良好的续航和自我保障能力，可以在无补给情况下独立完成远距离的大规模水上应急救援行动。美国是最早在海上配备重型医疗船的国家，据称美国的"安慰号"与"仁慈号"海上医疗船是最大的海上医院，它们都由大型油轮改装而成，两艘船共有2000个床位、24个设备齐全的手术室，除常规临床检验检查和诊疗科室外，还有重症监护病房、牙科诊所等，可进行物理治疗和烧伤护理等，此外还有4个制氧间。这两艘海上医疗船在海地大地震、东南亚海啸、卡特里娜飓风等许多自然灾害救援中救助了成千上万的受灾民众，发挥了重要作用。中国海军"和平方舟"号医院船于2008年正式列装，该船是专门为海上医疗救护量身定制的大型专业医院船，舷号866。不同于美国医疗船由油轮改装而成，"和平方舟"号为专门建造的医院船，是世界上第一艘超万吨级的大型专业医院船，也是远海水上突发事件应急救援的重要装备。

中型水上应急救援装备主要是指适用于内陆大江河湖和近海水上突发事件与灾害事故的救援装备。美国是世界上最早建立海岸警卫队的国家，拥有目前国际上最先进和最完备的中型水上应急救援装备，包括数量众多的水上快艇、救生船和海上搜救直升机，具备很强的大江河湖和近海水上应急救援能力。中型水上应急救援装备是开展大规模水域搜救、应对水上中大型突发事件的重要救援保障，其装备力量和装备水平在一定程度上体现了水上突发事故灾害的应对处理能力和水平，应高度重视中型水上应急救援装备的配置，并提升装备的技术水平。

轻型水上应急救援装备主要包括各类简单营救装备及救生装备，用于水上救生及自身防护，主要功能是应对内陆地区洪涝灾害及浅水区域水上应急救援。此类装备类型较多且较为齐全，是水上应急救援力量必须配置的基本装备。如快艇、冲锋舟、水上泵、水上艇、救生圈、救生衣、个人漂浮装置、水上应急救援担架、安全口哨、水上应急救援手套、水上应急救援头盔、水上应急救援刀、防水救援手电和救援绳等，都属于水上应急救援的基本救援装备。这些轻型装备可大体分为专业水上应急救援装备和水上应急救援的个人防护用具，是水上应急救援的必备配置，其装备水平的高低显著影响应急救援的成效。例如，美国海岸警卫队队员配备的新型救生衣具有精心设计的独特的快速解脱系统，能够应对水面各类复杂情况，特别是能够确保救援人员在遇到特殊情况时迅速脱离。这种救生衣具备系统的水上应急救援功能，可达到很好的自救与互救效果。

第二节 水上应急救援装备

一、充气式机械动力橡皮艇

充气式机械动力橡皮艇（图 2-1）操作灵敏、反应迅速，适合在狭窄河道、急流水域等执行任务。橡皮艇的动力来源于外置的舷外推进器，推进器位于船尾横板上，以推进器杆控制航行方向，配备外置油箱。常规橡皮艇的主要参数见表 2-1。在急流中操控充气式机械动力橡皮艇时，存在河道深浅不一的情况，急流中的障碍物或漂流物可能会破坏螺旋桨叶片，因此最好在其外部加装保护铁罩。

图 2-1 充气式机械动力橡皮艇

表 2-1 常规橡皮艇的主要参数

外长×外宽 （cm×cm）	内长×内宽 （cm×cm）	气囊直径 （cm）	气室数 （个）	净重 （kg）	载重 （kg）	最大载人数 （人）
320×170	240×83	35/42	3	65	550	5
380×190	293×95	40/46	3	92	750	7
420×200	309×104	40/46	4	113	840	8
460×210	366×110	42/48	5	198	930	9

二、救生抛投器

救生抛投器（图 2-2）是远距离抛投救援绳索的专业工具，它以高压空气为发射动力，将救援绳索抛投至指定位置。救生抛投器带有安全保险按钮联锁装置设计，可防止误发射。救生抛投器发射的救援弹初速高，并且带尾翼，抗风性能强，发射距离远，抛绳距离可达 250 m。此外，所有救援弹及救援绳可反复使用。

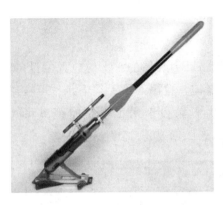

图 2-2　救生抛投器

三、水下破拆工具组

水下破拆工具组包括水下剪切器和水下扩张器，并有 SOS 信号灯，具备水下剪切、扩张等功能，可以完成水下破拆救援工作。以图 2-3 所示的水下破拆工具组套装为例，整套装备包含：mPower 电源装置；Mconnect2 液电连接软管；MCB/L 电池充电器；带浮体及附加负载的 ME3 扩张器；带浮体及附加负载的 MBP35 剪切器。装置可连续工作 45 min，剪切器最大剪切力约为 35.7 t，最大扩张力约为 3.0 t。

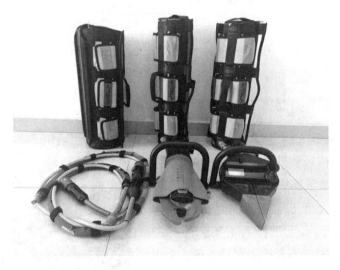

图 2-3　LIBERVIT M3863/64 水下破拆工具组

四、水上智能救生艇

水上智能救生艇（图 2-4）是一种配备动力装置的水上应急救生设备，具备 2 个喷泵式推动器，可实现远距离操控。救援人员无须下水，可在岸上、桥梁上或飞机上等将水上智能救生艇抛投至水面，遥控距离可达1000 m，可快速救援溺水人员，同时可有效保障救援人员的人身安全。

图 2-4　水上智能救生艇

五、水下机器人

水下机器人也称无人遥控潜水器，是一种工作于水下的极限作业机器人（图 2-5）。水下环境恶劣，人的潜水深度有限，所以水下机器人已成为水下救援的重要装备。水下机器人主要分为有缆遥控潜水器和无缆遥控潜水器 2 种，常用于水下目标观察、搜索、定位等。

图 2-5　水下机器人

六、自携式潜水装具

自携式潜水装具是救援人员水下搜救的个人防护用具，由全面罩、减压器、平衡式供气阀、全复合气瓶（潜水气瓶的最大工作压力为 300 bar，$1\ bar = 10^5\ Pa$）、浮力调节背心（BC）、配重等部件组成（图 2-6）。

图 2-6　自携式潜水装具

七、空气罩潜水器

空气罩潜水器有重装式和轻装式 2 种（图 2-7）。重装式有头盔、输气管、通信电缆、电话、潜水衣、压铅和铅底潜水鞋等；轻装式有面罩（也有用轻便头盔）、输气管、通信电缆、电话、应急气瓶、潜水衣、腰铅、靴和脚蹼等。

救援人员穿戴重装式空气罩潜水器在水中工作时必须脚踏水底或实物，或手抓缆索，不能悬浮工作，并且放开漂流的危险性大，所以重装式潜水装具已逐渐被轻装式取代。

重装式空气罩潜水器　　　　　　　　轻装式空气罩潜水器

图 2-7　空气罩潜水器

第三节　水上应急救援个人防护装备

　　参加水上应急救援行动的救援人员必须在施救的同时保护好自身的安全，因此必须配备个人防护装备。

　　水上应急救援的个人防护装备包括防护服装和防护用具。防护服装主要有救援头盔、救援服、急流救生衣、救援鞋、救援手套等（图 2-8）。

　　水上应急救援时应选择具有浮力和透水孔的硬式救援头盔，以保护救援人员的耳朵及后头盖骨。

　　救援服应选择具有保暖功能的潜水衣、干式救援服或湿式救援服，这可防止救援人员在执行抗洪抢险、水上应急救援等涉水救援任务时体温散失过快而造成失温，同时还可以降低身体被水底礁石、砂砾割伤的风险。

　　急流救生衣是必备的个人防护装备，应尺寸合身、可调节松紧度。急流救生衣种类众多，救援专用救生衣统称为个人救援浮力装置，即个人漂浮装置（personal flotation device，PFD）。PFD 是一种专门应对复杂水面环境而设计的救援设备，能够在救援人员涉水救援时提供浮力（应能提供150 N 以上的浮力），以保证急流救援安全。

水上应急救援头盔

水上应急救援服

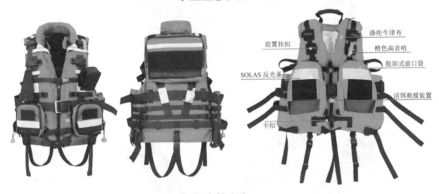

急流救生衣

水上应急救援鞋　　　　　　　水上应急救援手套

图 2-8　水上应急救援个人防护服装

　　救援人员穿的水上应急救援鞋应具有保护、保暖、防滑等功能。水上应急救援手套可以防止救援人员的手被割伤，是个人救援必备防护品。

　　防护用具包括抛绳包、高音哨、割绳刀等（图 2-9）。抛绳包是个人救援必备装备，可手拿或挂在腰上；高音哨用于发出报警信号或在求救时使用；割绳刀在救援行动中用于快速切割绳索或割除障碍物。

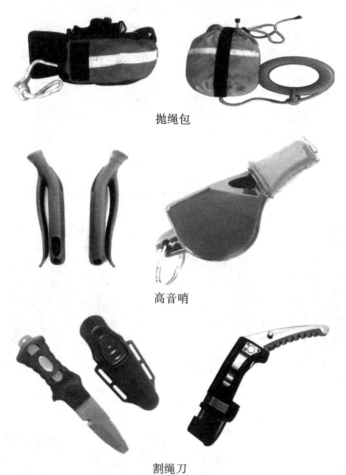

抛绳包

高音哨

割绳刀

图 2-9　水上应急救援个人防护用具

（胡庚松　刘　毅）

第三章

水上应急救援的知识准备和基本原则

第一节　水流情况的判别分析基础知识

一、水流方位辨识与水情的物理量数据

在水上应急救援行动中，应对河湖水流的方位进行统一规定，这样才能保证信息明确、指令统一、行动一致。如图 3-1 所示，水上应急救援行动中对水流方位辨识所作的统一约定如下：

（1）河流方向以水流往下游流动的方向为基准；

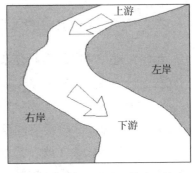

图 3-1　水流方位辨识的统一约定

（2）上游是水流来源方向；

（3）下游是水流去的方向；

（4）往下游看，左手侧为水流的左岸；

（5）往下游看，右手侧为水流的右岸。

水流的情况常用一些物理量来表示，在水上应急救援时必须掌握这些必要的数据信息，以便对水情的严重程度和施救行动的危险性有一个大致判断，进而以此为依据确定救援的方案。

河水流动情况常用流量来计量，流量的单位是 m^3/s，其理论计算公式为

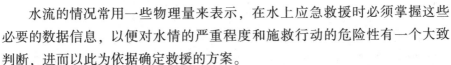

河道的流量＝河道断面宽度×河道断面深度×水流速度

即便河水流速不快也不能麻痹大意，即使体积为 0.028 m^3 的水，其质

量也达到 28 kg，具有一定的水流冲击力，对河道中的物体具有难以估量的推移作用。

如果流量不变，河道深浅或宽窄的变化会导致水流速度产生较大变化，水流的推移作用明显，不能掉以轻心。在不同流速下，水流的推力可大致参考表 3-1 的经验数据。

表 3-1　水流推力经验数据表

水流速度（m/s）	平均水流推力（kg）		
	腿部	人体	船艇
1.34	7.62	15.24	76.20
2.68	30.48	60.78	304.81
4.02	68.49	136.98	685.83
5.36	122.02	244.03	1219.25

二、各类急流水域的水情流型特征

由于河道、河床的形状复杂，河道急流中存在不同的水流特征，因此对这些急流流型特征的识别有助于研判河流水情。

1. 白色流域

河水在急流中和障碍物碰撞后，会产生白色气泡，在河道中形成很好辨认的白色气泡区域（图 3-2）。该水域多为不规则的浅滩，且流水中 60% 以上为空气泡。水上应急救援行动不适合在此区域展开，应想办法避开白色流域。

2. 覆盖流

上游河道的宽度在通往下游时快速变窄，主水流（即河流的主要流向）被推压向河床底部，支流（主流之外各种规模较大、范围较广、力量较强的绕竖轴或横轴或斜轴等旋转的水流）则被强推至河道边际并撞击弹回，重新覆盖主水流，形成了覆盖流（图 3-3）。覆盖流看似可怕，但人员在穿着急流救生衣的情况下可利用确保姿势（急流漂浮专业姿势）往下游快速通过脱险。

图 3-2　白色流域　　　　　　　　图 3-3　覆盖流

3. 微笑流

水流因撞击河道中障碍物，造成水流由中央流向河道底部和两侧而产生微笑流（图 3-4）。微笑流水域非常危险，不宜下水游泳救援。

图 3-4　微笑流

4. 皱眉流

皱眉流是水流向下游流动过程中撞击平面障碍物时，因受地形障碍的影响，由外侧汇集到中央而产生的水流（图 3-5）。皱眉流水域非常危险，不宜下水游泳救援。

图 3-5　皱眉流

5. 沸腾线

水流沸腾线产生于人工建筑物，如拦沙坝、拦水闸、低水坝等下方的整面河域处，水流以快速上下卷绕的方式困住水中的人员与物体（图3-6），属于极度危险的水流流型。沸腾线水域非常危险，不宜下水游泳救援。

图 3-6　沸腾线

6. 翻滚流

翻滚流在河道急流盖过障碍物时，在瞬间落差（1 m 以上）的下游出现，是上游顺流而下的强劲水流遇到高低地势差后与底部反弹上冲的水流交汇所形成的（图3-7）。陷入翻滚流时，须有"浮力"足够的全套急流救生装备，并确保漂浮泳姿与急流攻击式泳姿交替使用，才可以顺流脱困。

图 3-7　翻滚流

7. "V"流与倒"V"流

"V"流的形状尖端指向上游处，是由于水流冲击多个水中障碍物而形成的（图3-8）。"V"流从水面很难发现，但若是看见多个障碍物集中于急流中，应立即避开此流域。

倒"V"流的形状尖端指向下游，是由于水流经过 2 个障碍物之间而形成的（图3-9）。倒"V"流的出现说明河道中间水流特别快，最深处最可能无障碍物，可快速通过；河道两旁遍布大小障碍物，应小心避开。

图 3-8　"V"流

8. 回流区

水流经过障碍物（礁石、桥墩、树干）时，由障碍物两侧流过，此时障碍

图 3-9　倒"V"流

物两侧水流速度加快，在障碍物正后方形成滞空回流（图 3-10）。回流区是急流救生人员可以利用的区域，可作为休息、观察、待援或暂避危险的区域。

图 3-10　回流区

三、水上应急救援的主要危险因素

在情况不明时，即使是平静舒缓的河湖水域，如清澈的溪流或静静的池潭，也往往暗藏危机，能轻易夺走人命。自然河流的河床大多未经测绘规划，也未经人工整理，高低不平；河水的温度远低于体感温度，并且水温从水面到深层的变化较大，因此水上应急救援时必须始终保持对河湖中危险因素的高度警觉。从以往经验看，水中的危险因素可来源于水流力、水流危险区域、河道中的障碍物、突出的礁石及断层、低水温、风灾与洪水变化等。

1. 水位暴涨

当风灾与洪水泛滥时，水流速度加快使救援的难度增加。降雨和洪水使河道水位迅速上涨，救援不仅更为困难，而且更具危险性。水位暴涨（图 3-11）时，水中能见度往往很低，这是由悬浮在水中的藻类及杂物、微气泡等造成的，河水中的平均能见度低于 2 m 时，会给水中搜救带来困难。

图 3-11　水位暴涨

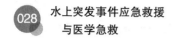
2. 水中障碍

桥墩、突出的礁石和倒入河道中的大树等障碍物通常会让救援难度加大（图 3-12）。河床的地形地貌对水流状况的影响更大，是形成各种漩涡、回流或上升及沉降流的主因。

图 3-12　水中障碍

3. 人体失温

人体在冰冷的水中浸泡过久，体温会迅速散失。河流的水温通常低于一般自来水，在山区水温甚至可能比气温低 4~8 ℃，加上河水的流动会加速体温的散失，造成人体失温。人体失温不仅会使人的判断能力降低，还可致人死亡。根据研究，静水中的体温散失速度约为空气中的 25 倍，在时速 8 km/h 的流水中，体温散失速度更快，因此在进行水上应急救援工作时必须特别注意人体保温。

第二节　急流水上应急救援的十五项绝对性守则

守则一：绝对要穿戴专业的个人救生衣（PFD）

在很多水上应急救援现场常有这样的情况：一些在水边的救援人员要么没穿个人救生衣，要么穿着不合身的救生衣或者没有拉紧固定扣带，虽穿了救生衣却没有起到防护效果。开展水上应急救援行动时，务必按规定穿戴专业的 PFD 救生衣。

守则二：绝对要部署上游观测员

身处急流或洪水中的人员可能会遇到漂浮的木头、家具、汽车甚至是大型土石块等障碍物，还可能会遭遇突如其来的大水流，因此必须部署上游观测员（图 3-13）。在遇紧急情况时，上游观测员可通过哨音或手持电台通知救援人员避开险情。

上游观测员
部署于事故点上游约 100 m 处，担负警戒任务，并封锁河道，防止上游外来事物影响救援任务。

现场指挥员
负责统筹救援行动并确保所有救援人员安全，监督全程救援工作及对外联系。

后勤人员
担负后勤保障工作，或做好其他任务支援。

救援人员
必须由水性良好且受过急流救援训练的人员担任，能执行入水救生、舟艇驾驶等救援任务。

岸上救援人员
负责岸边绳索系统架设，操作急流救生运用的相关器材，并可支援或替补其他任务。

下游确保安全员
负责下游警戒救援，上游救援人员失手时，下游确保安全员为最后防线，可选用快艇或抛绳包实施救援。

图 3-13　急流救援队伍人员部署示意图

守则三：绝对优先保障顺序为施救者、队友、被救者

一次成功的水上救援行动应同时确保施救者、队友与被救者的人身安全，然而，在现实中，尤其是突发溺水事件中，常出现施救者冒险下水营救却导致双双遇难的悲剧。这警示人们：如果在自己不具备救援能力或条件的情况下，绝对不要下水施救。

守则四：绝对要有救援预案或计划

突发事件的现场情况往往瞬息万变，任何人都没有办法百分之百保证救援方案可以成功。因此，最好的应急预案就是准备多种救援预案。"鸡蛋不能放在同一个篮子内"，假设我们准备了一百种方法，就算前面九十九种方法都失败了，只要第一百种方法能成功，就可以说救援成功。

守则五：绝对要有救援力量的多重部署

急流中的物体一定是由上游向下游移动，人当然也不例外。当上游的救援不成功时，施救者和被救者将向下游处移动，因此，救援预案必须在下游处做好救援力量的多重部署（图 3-14）。例如，同时部署橡皮艇救援组、抛绳包救援组、拦截绳索救援组、活饵救援组等，还应设置多重救援关卡，当第一关救援失败时，启动第二关、第三关……以此提高救援的成功率。

图 3-14　救援力量多重部署

守则六：绝对要救援简单化

在水上应急救援过程中，必须根据实际情况制订最简单且高效的救援方案，做到调用的人员、装备最少，花费的救援时间最短（图 3-15）。然

而，在现实中，当发生人员受困的险情时，人们最先想到的救援方法往往并非最简便的。复杂的方法往往会产生更多的问题，更易失误，从而导致救援失败。因此，救援应简单化，采用低风险、高效率的救援方法。

守则七：绝对要使用正确的救援装备

图 3-15   简单化救援方式——抛绳、抛物

从救援实践案例或救援规范要求来看，每一个救援团队所选用的装备都必须有利于更好地开展救援工作。例如，选用轻便透水的救援头盔，适体的湿/干式救援服和救援靴，钝头的割绳刀，浮力适中的急流救生衣等。图 3-16 所示是正确的水上应急救援防护装备。现实中必须防止因使用不恰当的装备而导致救援失败，如穿厚重的服装、头盔等下水救援，尽管这些装备是辅助其他救援类型而特制的。

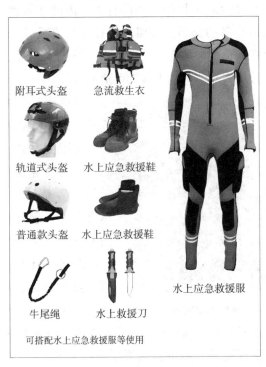

图 3-16   正确的水上应急救援防护装备

守则八：绝对不能让脚在急流中下沉

每年都会发生因为忘记这条守则而造成死伤事故的惨痛教训。在快速的水流中，双脚容易被水下的石块或其他障碍物缠住而无法脱困。人在急流中被水冲走时，身体应该保持基本的急流漂浮状态并呈仰式姿势，同时双眼注视下游，膝盖微弯并保持脚后跟略微低于臀部（但绝对不能让脚下沉到水下），如图 3-17 所示。若看到前方有障碍物，可以用脚适时顶开。

图 3-17　急流漂浮状态

守则九：绝对不要指望被救者会救他自己

无论是身处困境的被救者还是其他现场旁观者，常常因心理恐慌而出现发愣发呆、动作缓慢或无目的行动的行为。因此在救援中，受过训练的专业人员必须依靠自身的技巧，按照救援程序来完成任务，绝对不能指望被救者或其他旁观人员能够按照指示进行救援操作。否则，一旦救援失败，有可能被认为是救援失利，并被上级部门追究责任。

图 3-18　不允许系绑固定绳索

守则十：绝对不能在搜救人员身上系绑固定绳索（死结）

急流的冲击力十分强大，在施救者身上系绑固定绳索（即打死结）容易导致人员溺水，救生绳会变成"索命绳"。此类悲剧案例屡有发生，应坚决杜绝。救援固定绳索应该带有快速释放机构，当施救者遭遇危险时，可立即脱离固定绳的束缚（图 3-18）。

守则十一：绝对不能让横渡救援绳索与水流方向成直角

当横渡人员手抓紧贴水面的救援绳索横渡急流，抵达水流中心的主流区时，急流的强大推力会让横渡人员根本无力与水流抗衡，而拉紧的横渡救援绳索也会呈"V"形（图 3-19）。此时绝对不能紧绷横渡救援绳索，使其与水流方向垂直，因为绳索中间的高张力很容易造成横渡人员溺水。

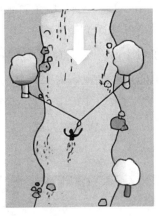

图 3-19　横渡救援绳索呈"V"形

守则十二：绝对不能站在紧绷绳索的弯角处

在很多水上应急救援场景中，救援人员通过搭建绳索系统可简单高效地执行救援任务，但极有可能会发生绳索断裂与装备脱落的意外。而一旦意外发生，绳索转折的弯角处蓄积的回弹力足以造成人员伤亡，因此绝对禁止人员站立在紧绷绳索的弯角处（图 3-20）。另外，紧绷绳索亦会因水流力量而强烈摆荡，站在绳索下游处的人员可能被绳索击伤而落水，因此人员要尽量站在上游处。

图 3-20　站在紧绷绳索弯角处的错误示范

守则十三：绝对不要丢失接触到的被救者

在还没有把被救者安置到安全的环境前，救援人员都必须紧紧抓住被救者（图3-21）。一旦脱失就很难再次接触到被救者并有效施救，若救援失败，有可能被认为是救援失利，并被上级部门追究责任。

守则十四：绝对不要戴消防头盔

消防头盔是专门为灭火救援所设计的，适合在火场使用。在水域救援时，在强力水流作用下，重量过大且不透水的消防头盔会使推拉力增加数倍（图3-22），极易对救援人员的颈椎造成伤害，严重威胁救援人员的生命安全。

图 3-21　救援人员必须抓牢被救者

图 3-22　必须佩戴专业头盔

守则十五：绝对要积极应对

应急救援部门及人员应积极做好各项救援前准备，包括人员、装备布置，救援训练和通信准备等，以及熟悉事故易发地点水情、政策及法律规定等；还应积极做好社会宣传和防灾减灾教育，增强群众安全意识，消除群众认知盲区，避免群众将自己置于险境，尽可能减少水域事故。

第三节　急流水上应急救援的基本方式

在急流水上应急救援行动中，救援者的安全准则是永远不变的。救援行动的优先顺序应依据安全风险因素进行考量。抛过去救、划过去救、游过去救，是救援行动必须遵守的准则。

一、抛过去救

抛过去救（图3-23）即岸上救援，包括用绳索（包）抛投，或者使用竹竿、木棍等任何能随手取得的具有浮力的器具施救。这是最便捷、最快速的救援方式之一。

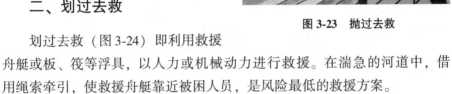

图 3-23　抛过去救

二、划过去救

划过去救（图3-24）即利用救援舟艇或板、筏等浮具，以人力或机械动力进行救援。在湍急的河道中，借用绳索牵引，使救援舟艇靠近被困人员，是风险最低的救援方案。

三、游过去救

游过去救（图3-25）是救援行动中最难的救援方式。救援人员必须具备扎实的救援基础知识，经过一定的救生训练并拥有良好的技能和体能储备，同时具备准确判断水流状况与把握救援时机的能力。

图 3-24　划过去救

图 3-25　游过去救

（樊龙俊　刘　毅）

第四章

水上应急救援技术

第一节 岸上救援技术

一、接触救援

接触救援分为徒手救援和递物救援，即救援人员在岸上徒手救助待救者或将救援物资（如绳索、救生圈等）传递给待救者实施救援。

接触救援的技术要点：

（1）救援人员应抓紧岸边的固定物体或通过同伴协助稳定重心，避免滑入水中；

（2）救援人员应始终注视待救者，并将身体重心尽量降低，必要时可俯伏在地上（图4-1）。

递物救援的技术要点：

（1）救援人员应根据现场情况选择适当的救援器具，如长杆（如篙竿、消防梯）、船桨、挠钩等；

图 4-1 接触救援

（2）救援人员应评估待救者的位置和水深，选择最佳的递物和救援位置；

（3）救援人员应确保递出的物品在待救者能够触及的范围内；

（4）使用船桨、挠钩等长度较短的工具时，救援人员应降低身体重心，保持稳定，避免被水流冲走。

接触救援适用于救助不慎落水而被困于岸边等待救援的人员。

二、抛绳/物救援

救援人员将绳索或者助浮物抛给待救者，等待救者双手紧握绳索或助浮物后，迅速将其拉上岸。

抛绳/物救援的技术要点：

（1）抛绳时应将绳索抛在待救者伸开双手可触及的范围内（图4-2）；

（2）救援人员应大声告知待救者将实施抛绳，等待救者抓握到绳索后，顺着河流方向，利用钟摆原理使待救者漂向岸边。

抛绳/物救援适用于对平静、急流水域中的人员进行施救。

图 4-2　抛绳/物救援

三、水面拦截救援

1. 水面拦截网救援

进行水面拦截网救援时，救援人员应将拦截网布置在河流中，对水面漂浮的人和物进行拦截和救援（图4-3）。

水面拦截网救援的技术要点：在使用拦截网时必须注意水流速度，并充分考虑拦截网是否固定可靠、入水深度、架设地点以及如何可靠地回收等。

图4-3　水面拦截网救援

2. 水面拦截绳救援

利用水面拦截绳救援时应将拦截绳架设在河流中,当待救者被水流冲到拦截绳时对其进行拦截和施救(图4-4)。

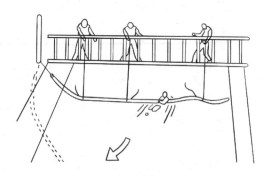

图4-4　水面拦截绳救援

水面拦截绳救援的技术要点:不要使拦截绳与水流方向垂直,以免待救者受到绳索的瞬间拦截力而形成二次伤害,在水面架设的主绳应与水流方向呈一定倾斜角度。

如果水流速度太快,可以使用两条拦截绳进行施救,第一条拦截绳用于减缓待救者向下游漂流的速度,第二条则用于协助待救者安全上岸。

第二节　入水救援

一、涉水救援

涉水救援适用于在水流缓慢的浅水区域,救援人员能安全下水开展救援的情况,以及救援人员必须涉水才能开展救援的情况。

涉水救援分为单人涉水和多人涉水救援，其技术要点如下：

（1）下水前应选择好下水地点，须利用自身携带的辅助物探测水深、水流等情况；

（2）救援人员在水中移动的时候也要用辅助物探测水底情况，确保没有障碍物或水下凹陷后才可前进（图4-5）。

（a）单人涉水　　　　　　　　（b）多人直线涉水

图 4-5　涉水救援

二、游泳拖救

游泳拖救时要求救援人员选择安全地点下水，通过游泳的方式接近待救者，将待救者救回岸边，协助待救者上岸（图4-6），并进行紧急医疗救护。游泳拖救的施救前提是穿戴全套防护装备（包含急流救生衣）。

图 4-6　游泳拖救

游泳拖救的方法比较危险，因此应尽可能使用其他风险较低的救援方法。没有受过专业训练的人，不宜使用此方法。另外，该方法仅适用于救援意识清醒、能积极合作的待救者。

激流中常用泳姿：攻击式泳姿（穿着急流救生衣抬头快速自由泳）和防御式泳姿（穿着急流救生衣仰泳）。

三、辅助物拖救

辅助物拖救是指救援人员在水中利用救生圈等辅助物拖行待救者至岸边，适用于救援被困静水或缓流水域的待救者。

技术要点：救援人员在拖救移动的过程中，一定要不断注意前行方向，防止漂浮物或障碍物撞到自己和待救者（图4-7）。

四、潜水救援

潜水救援（图4-8）是专业潜水救援人员采用扇形、圆形搜索等水下搜救技术，对水下遇险和被困人员进行打捞、施救的行动。

图 4-7　辅助物拖救　　　　　　图 4-8　潜水救援

第三节　舟艇救援

救援舟艇包括由硬质材料制成的动力冲锋舟和软体充气式橡皮艇。动力冲锋舟适用于其可以到达并且适合实施救援的水域（图4-9）。

图 4-9 动力冲锋舟救援

如果动力冲锋舟无法到达，可使用橡皮艇对被困者实施救援（图 4-10）。

图 4-10 橡皮艇救援

舟艇救援的适用范围：适用于一般水域，其中，橡皮艇的"O"形、"S"形救援适用于不宜采用动力冲锋舟的激流水域。

第四节 绳索系统救援

绳索系统是一种由绳索和相关辅助部件构成，集成了多种功能，为人员提供安全保障的复杂设备系统。该系统合理配置了安全绳、牛尾绳、安全带、锚固装置等部件，可应用于人员救助、高空作业、起重运输和牵引等场景。

一、引导拉绳救援

将一根保护绳连接安全钩，并挂在连接被困者的主绳上，快速拉向岸边（图4-11）。引导拉绳救援适用于水流将抛绳包冲离岸边的情形。

二、拴绳游泳救援

救援人员穿着具有快速释放功能的安全带，并将其连接到救援绳上，建立绳索系统（图4-12），并做好保护，进入水中游泳救援落水被困者。保护人员应当考虑到水流冲击造成的荷载，适当放松救援绳拉绳以减轻入水施救者的负荷。

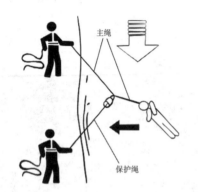

图 4-11　引导拉绳救援

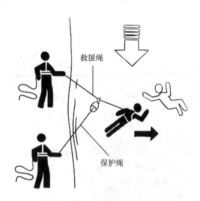

图 4-12　拴绳游泳救援

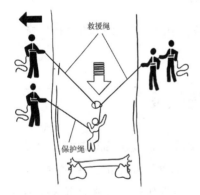

图 4-13　双绳圈（开放式）救援

三、双绳圈（开放式）救援

两根抛投绳分别从两岸向对岸抛投，两绳分别在被救者上、下游；一根绳子的末端用可锁闭的安全钩挂在另一根绳子上，拉紧绳子，制造一个开放的绳环；两岸的保护人员向上游走，使绳环中间形成的角度尽可能小并围绕住被救者，利用绳圈将其拉到岸边（图4-13）。

四、水平"V"形、"T"形绳索救援

1. 水平"V"形绳索救援

（1）适用场景：救援人员需横跨水流或障碍，靠近水面建立救援绳索系统。

（2）技术要点：

① 绳索布置：上游绳（受力主绳）固定于上游锚点（如树木、车辆、固定物），承受主要水流冲击力。下游绳（平衡绳）固定于下游锚点，用于调整救援角度和稳定性。两绳在靠近被困者位置交汇，形成"V"形结构（图4-14）。

② 救援方式：救援人员穿戴水域防护装备，连接可滑动滑轮或下降器，沿上游绳横渡至被困者。下游绳由岸上操作人员控制，用于调整位置或防止偏移。

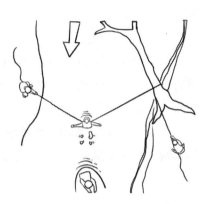

图4-14 水平"V"形绳索救援

2. 水平"T"形绳索救援

（1）适用场景：救援人员需横跨水流或障碍，靠近水面建立救援绳索系统。

（2）技术要点：

① 绳索布置：一条主绳横跨水域，两端固定于锚点（如树木、车辆等）。垂直牵引绳连接主绳，救援人员或装备沿牵引绳移动。

② 救援方式：救援人员沿主绳移动，连接可滑动滑轮或下降器，沿上游绳横渡呈"T"形释放垂直牵引绳靠近被困者。

五、垂直"V"形、"T"形绳索救援

1. 垂直"V"形绳索救援

（1）适用场景：被困者位于水域中央（如江心礁石、孤岛），救援人员需从两岸高处建立救援绳索系统。

（2）技术要点：

① 绳索布置：先抛投引绳，选择在被救者上方3~5 m处的稳固锚点和

救援侧岸边设置主受力锚点，必须设置独立备用锚点系统。

②救援方式：救援人员采用坐式下降或担架系统，岸上操作人员释放绳索呈"V"形靠近被困者（图4-15a），优先使用全身式救援吊带固定被困者，若被困者无意识，则需采用救援担架固定，做好防坠落二次保护。

2. 垂直"T"形绳索救援

（1）适用场景：被困者位于孤立高点（如屋顶、树梢、桥墩），需从上方建立救援通道。

（2）技术要点：

①绳索布置：主绳（横渡绳）水平固定于两岸或支撑点（图4-15b），横跨被困者上方区域。垂直牵引绳从主绳下垂至被困者位置，用于升降人员或装备。

②救援方式：救援人员沿主绳横移至被困者正上方，再通过垂直绳下降施救。可使用滑轮、下降器或提升系统转运被困者。

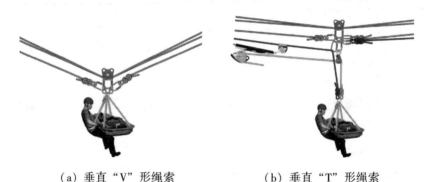

(a) 垂直"V"形绳索　　　　　(b) 垂直"T"形绳索

图4-15　垂直"V"形、"T"形绳索救援

第五节　水上火灾救援

一、水上火灾特点

（1）人员疏散逃生困难。发生水上火灾时，遇险人员逃生的途径少。除了高温、浓烟等危险因素，遇险人员还面临溺水的危险。

（2）救援防护的等级要求高。发生水上火灾时，救援人员既要按照火灾救援要求穿戴防护装备，又要兼顾落实防溺水、防掉落等防护措施。

（3）消防设施短缺。水上船只、设施、建筑的周边水源虽然充足，但其内部设置的消防设施往往不能满足实际需求，加之可能存在人员消防安全意识薄弱、部分基础消防设施完好率不足等问题，火灾自救难度往往超出预期。

（4）救援行动空间受限。通常只能通过摆渡船、驳船等装载救援人员和消防装备靠近水上火灾的现场，火灾区域船舶设施的内部通道多较为狭窄且数量少，外部承载面积小，不利于救援活动的展开。

二、水上火灾救援处置措施

1. 做好安全措施

由于水域的特殊情况，内攻人员在穿着灭火救援全套防护装备的基础上，应根据实际情况做好防落水等其他安全防护。当水面风浪较大，船舶摇摆剧烈时，可视情况搭建安全绳索，防止失足滑倒、摔伤或掉入水中。在火灾现场的周边还需设置紧急救援小组，及时营救落水人员。

2. 全程缜密侦察

缜密组织水上火灾侦察是保证正确施救的前提，而且必须贯穿于整个行动的全过程。要重点了解和掌握火灾事故的具体情况，包括范围及程度、发展的趋势、可能造成次生灾害或连发灾害的因素。同时，在救援行动中要根据救援作业进展情况，有预见性地密切观察可能出现的新情况，做好应对准备。

3. 及时抢救人员

现场处置要坚持"先救人、后救物，先近后远、主次兼顾，先救无救生器材者、后救有救生器材者，先救伤病员、后救健康者"的原则。积极开展院前急救，有序做好伤员情绪安抚、转运治疗等工作。

4. 积极堵截控火

充分发挥移动式消防装备的作用，选用正确的灭火药剂，在充分侦察的基础上迅速展开消防战斗；立刻切断火势蔓延途径，围堵并控制核心区域火势；确保现场供水供液持续不间断；严格执行各项安全管控和紧急避险制度，确保灭火行动安全高效（图4-16）。

图 4-16　水上火灾扑救

图 4-17　水上火灾环境污染

5. 防止环境污染

与相关政府部门和社会单位联动，根据溢出污染物、火场污水的类别和性质采取相应的围控措施（图 4-17）；采取收油机回收，投放吸附材料，喷洒溢油分散剂、化学吸收剂等措施清除水面及水体中的污染物；采取适当的措施清除已经着岸的污染物；制订回收污染物的运输方案及处置方法。

第六节　水上爆炸救援

一、水上爆炸的特点

（1）疏散逃生困难，还可能发生人员伤亡。爆炸事故都是意外的、突发的、猝不及防的，对人员造成的伤害极其严重，而且有可能是多人同时遇难。水上爆炸的现场通常破坏严重，而且周边环境复杂，疏散营救困难，需要全体动员、紧急救援以减少伤亡和损失。

（2）爆炸引发的火情复杂多变，扑救难度大。装修船舶的各个舱室时多使用易燃材料，同时，各类运输船只或水面平台自身可能会携带大量可燃物，加上船舶机舱中的机油、燃油储量较大，进一步增加了危险性。一且发生爆炸或火灾事故，这些易燃物质就会导致火势蔓延的速度加快，而且难以控制。

（3）水上爆炸（图4-18）易引发次生灾害，危险性更大。在船舶发生爆炸事故时，大量有毒可燃物质可能泄露，进而形成大面积流淌火、大范围水域污染和空气污染，甚至还会发生沉船事故，对救援行动构成极大威胁。

图 4-18　水上爆炸

二、水上爆炸救援处置措施

1. 做好安全防护

在起火和爆炸后，火场内可能还存在尚未爆炸的物质，危险性极大，因此，现场救援人员须做好个人安全防护，并保持一定安全距离，依托掩体、水枪掩护等展开救援。

2. 有效冷却抑爆

发生爆炸后，要迅速利用消防车、消防水炮、分割水幕、氮气设施等冷却受到火势威胁的易燃易爆物质和生产设备，且应做到冷却均匀，不留空白点。

3. 防止环境污染

若水上爆炸引起原油或化学危险品泄漏事故，则对周边环境影响极大。在条件允许时，应及时组织救援人员堵漏，同时制订紧急撤离措施，确定撤离信号，正确选择撤离路线。现场处置完后，应将相关事宜移交至相关部门，以便其对后续污染进行治理。

第七节　冰上事故的人员救援

冰上事故主要是指冰层破坏后，人员、车辆落入水中，或者人员、车辆被困在大块冰层（浮冰）上，难以自行脱险的事故（图4-19）。冰上事故救援就是使有上述危险的人员、车辆摆脱危险的行动。冰上事故多发于我国东北、西北及青藏高原等严寒地区。

图 4-19　冰上事故

一、冰上事故的特点

（1）冰层下水温低，遇险者易冻僵。在严寒季节的初期，冻结的冰层还没有达到安全厚度时，经常有人员、牲畜和车辆不顾危险在冰面上通行。一旦冰层碎裂，易发生落水事故，遇险的人、畜及交通工具如不能在短时间内脱险，将被冻僵或被水流冲到冰层的下面，造成伤亡和损失。落水者在 0 ℃的水中浸泡 15 min，全身皮肤即失去知觉，失去自救及配合救助的活动能力。

（2）冰层厚度不均，承重能力不平衡，造成救援困难。环境温度和水流动状态等原因导致结冰层结构不一致，冰层上的承重能力也不一致。因此，在情况不明的冰面上实施救援时，精确测定冰层厚度存在显著困难。在还没有冰封严实的冰面上营救落水人员时，因冰层薄，承重能力差，救援人员及器材很难接近遇险者，救援十分困难。

（3）环境条件恶劣，救援作业难以展开。一般来说，冰上事故多因冰层厚度不足，无法承受车辆或人体的重量而引发，这同样也使救援作业难以展开。过低的温度和凛冽的寒风容易使救援人员行动不便，甚至被冻伤，同时，救助对象长时间处于寒冷环境中身体容易冻僵而难以配合救援人员的救援行动。

（4）冰上救援专用器材缺乏，救援行动实施受限多。冰上救援的现场环境往往较差，必须使用专用器材。从目前的装备配置情况看，适合冰上救援的专用器材比较少，大多数冰上救援行动主要使用现有的常规器材，采取的也是较为原始的救援方法，这极大地降低了救援效率。

（5）不宜多人行动，救援作战持续时间长。考虑到冰层承受能力，为确保冰上事故救援的顺利开展，绝不允许多人深入事故区域，仅允许少量人员携带装备在采取充分的安全保护措施后，实施点对点的救援行动。由于救援力量和救援方法受到极大的限制，因而救援往往会持续较长时间。

二、冰上救援中的低体温症及其急救措施

低体温症是指人长时间处于低温环境中，人体中心温度低于 35 ℃的状态。如体温降到 32 ℃以下，人体器官将难以维持正常的代谢活动和功能运作，可直接或间接地造成人员死亡。

1. 低体温症的征兆

（1）低体温症的早期征兆：皮肤湿冷或感觉冷，逐渐口齿不清、神志不清或行为反常，出现视觉障碍或失明，全身发抖或抽搐。注意：以上症状可能不全部出现，顺序也可能不同。

（2）深度低体温症的后期征兆：反应越来越迟钝，脉搏缓慢微弱，身体停止颤抖，皮肤冷白，逐渐失去意识、昏迷，最终死亡。

2. 低体温症的急救措施

首先应把出现低体温症的被救者从低温环境中转移到温暖区域。如果转移被救者至室内存在很大困难，那就尽可能先将其转移到车内、洞穴内等暖和的地方。搬运低体温症患者的过程中动作要尽量平稳，为其脱下湿衣物，然后使用干燥的毛毯或棉被对其进行包裹以保暖（图 4-20）。如果被救者有意识，可以给他喝些温热饮品。

图 4-20　保温毯急救保护

三、冰上事故救援技术要点

冰上事故发生后，应当迅速掌握现场情况，运用相关救援设备与器材，积极采取正确有效的救援措施，快速准确地实施救援。

1. 现场侦察

救援人员到场后，应当迅速查明情况，制订冰上救援方案，有针对性

地采取救援措施，在最短的时间内将冰上遇险者救助出来。

（1）查明冰上遇险者的现状，重点查看冰层厚度、水域深浅、岸边距离等。

（2）询问知情者，了解遇险者被困的时间及其性别、年龄、身体状况等。

2. 安全防护

在冰上事故救援的行动中，救援人员必须做好安全防护工作，防止出现伤亡事故。

（1）救援人员必须穿好专业救生衣，身系水上应急救援安全绳（即活饵安全绳），在岸上保护人员的保护与协助下实施救援行动。

（2）破冰后使用冲锋舟、橡皮艇实施救援时，必须用安全绳固定。

（3）需要潜水作业时，必须由专业潜水员着潜水服下水，并按照专业操作规范在潜水员身上系好安全绳。

3. 救援准备

冰上事故救援方案确定后，要充分做好救援人员和器材的准备工作，确保救援工作的顺利进行。

（1）根据实地查看的情况，迅速制订救援行动方案。

（2）进行编组分工，明确安全要点和行动要求。

（3）保障人员准备好冲锋舟、橡皮艇，协助救援人员做好个人防护措施。

（4）安全员对救援人员的安全防护进行检查，做好记录。

（5）医疗救护人员做好准备。

（6）对现场周围实施警戒，严禁无关人员进入冰面，公安机关维护现场秩序，组织疏散围观人员，确保救援工作顺利进行，防止其他意外事故发生。

4. 现场救助

在实施救助时，应按照确定的救助方案，认真组织、严格执行，采取正确的救助方法，确保救助冰上遇险者的行动顺利展开。

1）拉梯救助法

拉梯救助法是指利用拉梯平放伸向遇险者开展救助行动。在拉梯的根部（救助队员一侧）用绳索捆绑固定，将拉梯伸展部分推向遇险者，岸边的人员同时利用绳索拉住梯子的顶端，形成向上的辅助斜拉力，其余人员压住梯子的根部（图4-21）。如果展开单节梯不能到达遇险者端，可利用多节拉梯实施救助。若遇险者体力不支而无法抓住梯子时，由一名体重较轻的救援人员接近梯子的顶端，拉上遇险者。如果冰层太薄，无法从冰面上接近，可利用救生绳索并穿专业救生衣、防水服直接进入冰水中实施救助。

图 4-21　拉梯救助法

2）船艇救助法

当遇险者困在浮冰或其他物体上时，救援人员可根据冰层情况，在遇险者的下游将薄冰层破碎，开辟适当宽度的航道，在绳索的协助下利用机动船艇，由下游向上游逐步接近遇险者。在靠近遇险者后，先抛投一个带有绳索的救生圈，让遇险者将救生圈套在身上，然后将遇险者营救到船艇上（图4-22）。在船艇向遇险者被困的浮冰靠近时，一定要缓慢行进；可让冰面上的人员利用安全绳索协助船艇平稳停泊，防止船艇撞击浮冰。

图 4-22　船艇救助法

3）绳索救助法

绳索救助法可用于以下 2 种情形：

（1）利用抛绳救人。营救已落入冰水中的遇险者时，在遇险者具备一

图 4-23　抛绳救助

定活动能力、救援距离较近、现场风力较小的情况下，利用抛掷缆绳的方法，将救生圈、救生衣等通过缆绳送给遇险者，待遇险者将救生圈套入身体后，慢慢地将遇险者救出（图 4-23）。必要时，应派具备一定游泳施救能力的救援人员着防水防寒服，在做好安全保护工作的前提下潜入冰水中协助遇险者脱险。

（2）利用救生抛投器救人。在救援距离较远，遇险者具备一定活动能力，现场风力较小的情况下，利用救生抛投器将救生绳索、救生圈、救生衣及救生划板等装备通过缆绳送给遇险者，然后利用扩音器指导遇险者配合救援人员实施救援行动。

4）浮桥救助法

在救助薄冰区内的遇险者时，可利用消防梯或长条形平板，借助充气冲锋舟，制作人行浮桥，然后将在安全绳保护下的浮桥推向事故区域，逐步接近遇险者。浮桥停稳后，救援人员身系安全绳索登上浮桥，走向临水一侧的桥头，对遇险者实施救助（图 4-24）。在实施救助的过程中，救援人员要保持桥头部冲锋舟的平衡。

5）高空救助法

高空救助法即利用直升机实施冰上救助行动（图 4-25）。在初春季节，气温回升易造成江河内冻结的冰层突然破裂，使水道内布满流动的浮冰。浮冰在向下游流动时，极易因水道狭窄、水道内堆积物多而造成水道堵塞，严重时流动的浮冰可冲上堤坝，将建筑物及人员围困在漂有浮冰的水中。在这种情况下，利用直升机从高空实施救援行动是最好的办法。

图 4-24　浮桥救助法

图 4-25　高空救助法

【案例】2005 年 4 月 14 日，流经黑龙江省佳木斯市桦川县的松花江的一处冰面，因气温突然升高，冰雪融化，于 4 月 14 日夜间冰层突然破裂，形成的大量冰块顺水流急速而下，导致下游狭窄的河道被浮冰阻塞，从而使上游水面迅速上涨，在很短的时间内淹没了江岸上的滩地，滩地上的十几户民宅建筑被困在江水之中。佳木斯市消防救援支队闻警迅速出动，在市委、市政府的领导下，利用省农垦总局农垦航空有限公司的直升机，往返 6 次，历经 6 个多小时的生死营救，最终将被困的 33 名遇险人员成功救出，无一伤亡。

6）浮筒救助法

在严寒地区经常会发生交通运输车辆在薄冰区域坠入江河中的突发情况，若坠入水底的车辆及人员不能得到及时救助，在很短的时间内即可被浮冰冻在冰层下面。在这类事故的救援中，考虑到冰层承重能力有限，一般不使用大型起吊设备，最好的办法是由潜水员将浮筒或浮袋捆绑在事故车辆的两侧，然后充气将坠入水中的车辆浮起，再利用卷扬机在冰面上将其牵引到安全处拖走（图 4-26）。在采用这种救援

图 4-26　浮筒救助法

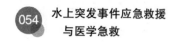

方法前，救援人员要明确坠落物体的重量和入水的深度，根据每个浮筒或浮袋的浮升力，计算出应使用的浮筒或浮袋的数量，以免因浮升力不足延误救助时机或造成意外损失。

5. 善后工作

在冰上事故救援结束后，要做好现场清理和相关的善后工作。

（1）应由医务人员及时对脱险上岸的遇险者进行现场急救。如无医务人员到场，救援人员要对遇险者进行现场急救，并及时将其转移至邻近医疗机构接受进一步的医疗救治。

（2）若车辆坠入冰水中，首先要击破车窗或打开车门救助车内人员，然后从有关部门调配可以使用的吊车，由潜水员下水固定起吊钢缆，逐步把落入冰水中的车辆打捞出水。

（3）经现场医务人员确认已无生命体征的遇险者，应移交至当地相关部门进行后续处理。

第八节　水上应急救援现场生命支持

一、岸上救护

对淹溺者来说，主要伤害是缺氧，因此岸上救护强调尽早开放气道和清除气道中的堵塞物，给予人工呼吸优先于胸外按压。一般淹溺者吸入的水分并不多，有些淹溺者由于发生了喉痉挛或呼吸暂停，气道内并没有吸入太多水，因此控水的方法视现场淹溺者情况而定。最重要的是不能因控水耽误溺水急救的黄金时间。

二、现场生命支持流程

现场的基础生命支持应遵循"A—B—C—D"顺序，即"开放气道—人工通气—胸外按压—早期除颤"。

1. 开放气道

上岸后应立即清理淹溺者口鼻中的泥沙和水草，常用的是仰头举颏法。救援人员一手手掌放在淹溺者的前额，另一手上提淹溺者的下颌（图4-27）。

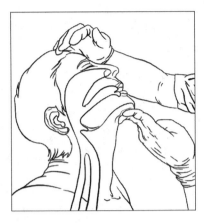

图 4-27　开放气道

2. 人工通气

首次连续给予淹溺者 3~4 次人工通气。救援人员用口包住淹溺者的口（或口鼻）吹气，每次 1 s（图 4-28），确保能看到淹溺者的胸廓有效起伏。每次吹气的量只要 600~800 mL。

图 4-28　人工通气

3. 胸外按压

按压部位在胸骨中下 1/3 处，对成年人来说相当于"两乳头连线的中点"，按压的深度为 5~6 cm（成人），按压的频率是每分钟 100~120 次。按压时，救援人员跪于淹溺者侧方，一手掌根紧贴按压点，另一手重叠其上，十指上翘不接触胸壁，两臂伸直，用手掌根部有节律地按压。救援人员应避免在按压期间倚靠在淹溺者胸上，以便每次按压后使淹溺者的胸廓充分回弹，同时注意观察淹溺者的面色变化（图 4-29）。

图 4-29　胸外按压

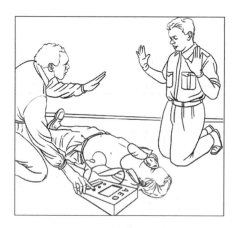

图 4-30　使用除颤仪

4. 早期除颤（如有条件）

在心肺复苏术（CPR）开始后尽早使用自动体外除颤器（AED）进行早期除颤。将淹溺者胸壁擦干，连上 AED 电极片，打开 AED，按照 AED 提示进行电击（图 4-30）。

按照 30 次胸外按压、2 次人工呼吸的比例持续按压，直到淹溺者心跳恢复或专业人员到达现场。

一旦淹溺者在水中被救出，除非有明显的不可逆死亡证据（尸僵、腐烂、断头、尸斑等），均应立即实施心肺复苏术，并在能够保持心脏按压质量的前提下，尽量转送到附近医院以进行进一步抢救。另外，将淹溺者救上岸后，应在确保不影响心肺复苏的前提下，尽快脱下其身上的湿衣物，擦干其身体，防止其体温过低。

（樊龙俊　施建飞）

第五章

水上应急救援应急预案的制定与实施准备

第一节 水上应急救援应急预案的制定

水上突发事件具有不可预见性和多变性的特点。制定水上应急救援预案应始终贯彻"打大仗、打恶仗"的指导思想，针对水上突发事件的不同类型、规模、危险等级设定不同突发事故情形，明确联动保障力量，合理布置应急救援力量，采用正确的处置措施，及时果断地实施救援行动，最大限度地减少伤亡和降低财产损失。水上应急救援预案是开展联合救援行动、实行指挥决策的依据，是实现科学化指挥的基本遵循，亦是赢得救援时间、夺取救援主动权的先决条件。

基于经济社会迅速发展的需要以及水上突发灾害事件频发的现实情况，应适时召开水上应急救援成员单位联席会议，分析研判应急预案的实效性、可行性和针对性，开展水上应急救援应急处置桌面推演，理顺各成员单位在应急救援体系中的角色定位，更新动态变化的人员装备名册，细化职能和任务分工，优化专业救援队伍协调配合、高效衔接的工作机制。通过集思广益和不断积累实际救援经验，让应急预案更科学、更合理、更贴近实战。

以下是某地方消防救援支队的水上应急救援预案的主要内容，可供读者参考。

××市消防救援支队水上应急救援预案

为切实应对突发性水上抢险警情，做好水上应急救援各项工作，增强消防救援队伍在突发性应急工作中的快速反应能力，确保人民生命财产安全，维护社会稳定。按照国家消防救援局、省消防救援总队对水上应急救援工作的统一部署，结合××地区实际情况，特制定本预案。

一、指导思想和原则

水上应急救援工作必须坚持"安全第一，常备不懈，以防为主，全力抢险"的方针，要加强领导，广泛动员，高度警惕，精心组织，认真安排，统一指挥，协调一致，反应迅速，减少损失，竭尽全力开展水上抢险和应急救援工作。

二、指挥机构

设立领导小组。

总指挥：×××、×××

副总指挥：×××、×××、×××

成员：各基层大队主官

下设指挥部、抢险组、排涝组、宣传组、通信保障组、后勤保障组和医护组。

（一）指挥部：×××、×××、×××、×××

主要任务：负责全市各大队、中队的人员、车辆、装备调派，实时指导消防救援队伍的救援工作。

（二）抢险组：×××、×××

主要任务：负责较大救援现场人员转移、救助等组织指挥工作。

（三）排涝组：×××、×××

主要任务：负责较大灾害现场水域排涝的组织指挥工作。

（四）宣传组：×××、×××

主要任务：以联络人身份参加现场指挥部工作会议，接受指挥部和上级领导的行动命令，负责信息收集整理及向媒体发布救援信息。

（五）通信保障组：×××、×××

主要任务：负责救灾现场通信保障和通信设备维护。

（六）后勤保障组：×××、×××

主要任务：负责给救援队提供食物饮品、器材维修、服装更换等保障。

（七）医护组：×××、×××

主要任务：负责救援队员在救援过程中意外伤害的救护工作，并对被救者进行紧急救护。

三、预警级别

按照指挥部确定的应急处置响应级别，由高到低划分为红色Ⅰ级、橙色Ⅱ级、黄色Ⅲ级、蓝色Ⅳ级预警。

（一）红色预警

水上应急救援指挥部总指挥到达现场指挥，启动应急处置Ⅰ级响应，支队、大队指战员一律停止休假并全部实行24小时值班备勤。支队水上应急救援队集结待命，保持临战状态，各大队水上应急救援分队做好随时出动准备，各消防救援站对辖区易发生险情的区域实施前置备勤。

（二）橙色预警

水上应急救援指挥部副总指挥到场指挥，启动应急处置Ⅱ级响应，各级值班人员在岗在位，支队1支水上应急救援队集结待命，保持临战状态，各大队水上应急救援分队做好随时出动准备，各消防救援站对辖区易发生险情的区域实施前置备勤。

（三）黄色预警

水上应急救援指挥部指挥长（指挥部主要负责一线指挥的领导）到达现场指挥，负责应急处置工作，启动应急处置Ⅲ级响应，各级值班人员在岗在位，各大队水上应急救援分队做好抢险救灾准备工作，各消防救援站视情况对辖区易发生险情的区域实施前置备勤。

（四）蓝色预警

由大队值班领导到场指挥，各消防救援站做好水上应急救援准备。

四、处置措施

（一）先期处置

一旦发生水上突发事件，由指挥中心根据先期处置原则，按照工作预案立即调集力量赶赴一线处置。同时，迅速报告水上应急救援指挥部。视情况通知公安、卫健委、供电、燃气等联动单位参与抢险救灾、救护伤员及设备抢修工作。接警后，水上应急救援指挥部立即由领导带队赶赴现场，按照指令组织开展抢险救灾工作。

（二）现场处置

辖区消防救援站要做好受灾人员营救、物资的转移工作，配合做好群众安置和安抚工作。根据职责分工，配携安全防护、舟艇、搜救、排水、破拆、照明等水上应急救援装备，严格按照水上应急救援操作规程实施人员救助工作。

五、工作要求

（一）高度重视，狠抓落实。各单位要高度重视水上应急救援工作，从思想上、组织上、行动上真正落到实处。各级指战员要振奋精神，坚守岗位。一旦发生险情要发扬一不怕苦、二不怕累的精神，积极投入到救险救灾斗争中。

（二）服从命令，听从指挥。对水上应急救援指挥部下达的各项指令从令如流，必须无条件执行。将"水上应急救援五个决不允许"贯穿于水上应急救援整个过程。"五个决不允许"即

1. 决不允许不会游泳的指战员在一线参与水上应急救援任务；
2. 决不允许穿着灭火防护服执行水上应急救援任务；
3. 决不允许无证驾驶消防舟艇和潜水作业；
4. 决不允许水上情况不明盲目下水救援；
5. 决不允许穿着非水上专用救援服下水救援。

对不服从指挥、玩忽职守、贻误战机造成损失的，要严肃处理。

（三）明确分工，密切协作。各单位要严格按照方案及本级职责任务，认真落实各项水上应急救援工作措施。支队全勤指挥部、大队全勤指挥部必须到达现场进行指挥，要注意各组别之间密切配合，确保水上应急救援工作安全有序进行。

（四）建强队伍，配足装备。各大队要建立水上应急救援专业处置队伍，要求成立40人的机动小组，加强水上应急救援应急保障装备物资储备。结合本地气候变化和应急装备物资储备实际情况，做到按标准储备到位、分类存放、按级管理，以便实施快速补给，确保遂行任务的需要。

第二节 水上应急救援应急预案的实施准备原则

一、重点熟悉与应急预案相结合

熟悉重点水域、水情以及水域事故类型是制定应急预案的基础。根据熟悉的情况，预判灾害事故的危险性，从而编制科学有效的处置预案，不断提高救援队伍对水域、灾害事故类型的熟悉程度和应急预案的实效性。将对重点水域、水情熟悉调研的情况与现有水域事故高发、情况多变的特点相结合，可进一步丰富应急预案的内容。

二、日常训练与应急预案相结合

按照常见水域事故特点，树立"练为战"的思想，坚持"干什么练什么，缺什么练什么，什么差练什么"的原则，组建应急处置专业队伍，配备相应的器材装备，邀请相关领域专家进行理论指导和示范教学。采取单兵技术、班组合成技术、力量联动机制等相结合的训练模式，分层次、分阶段、分任务逐级组织进行实战实训，苦练基本功。每名救援人员要明确自身的职责、任务，强化单兵作战能力，达到一兵多能、一兵多用的训练目的，从而提高救援技能及协同作战能力。

三、定期演练与应急预案相结合

实战演练是检验应急预案的最好方法。每月组织不少于 1 次的实战拉动演练，通过设定复杂的临场环境，围绕现场可能发生的突发状况、各救援队伍的救援任务，进一步考察队伍机动性和实战能力，使救援人员理性认识救援工作，有效提高队伍指挥决策能力、专业队伍作战能力以及救援人员临场应变能力，真正做到"知己知彼、百战不殆"，使得各级专业队伍在应急救援中牢牢掌握主动权，同时很好地促进应急预案各个环节的修订与完善，确保预案具有针对性与实效性。

第三节　非水上区域水上突发事件应急救援预案

为深入贯彻落实习近平总书记关于防灾减灾救灾的重要论述精神，积极适应新形势下防灾减灾救灾工作的新要求，在有效应对水上突发事件的同时，还需统筹应对非水上区域的各类突发事件，如城市内涝、山洪暴发、地质灾害等。完善突发事件应急预案是全社会共同应对自然灾害、守护美好家园的关键。

应急预案中需要明确编制目的、依据、适用范围和工作原则，实行各级人民政府行政首长负责制，建立健全属地管理为主、统一指挥、分级负责、分类管理、条块结合的防御体系，为防汛防旱防风防冻等工作提供总体指导。

以下是某地级市防汛抗旱应急预案，其主要内容适用于一般城市洪灾和内涝时的水上应急救援，可供读者参考。

××市防汛抗旱应急预案

1　总则

1.1　编制目的

以习近平新时代中国特色社会主义思想为指导，深入贯彻落实"两个坚持、三个转变"防灾减灾救灾新理念，做好××市洪涝干旱灾害的预防和处置工作，保证常态化疫情防控下防汛抗旱工作依法、规范、有序进行，最大限度减少灾害损失，保障人民群众生命财产安全和全市经济社会高质量发展。

1.2　编制依据

《中华人民共和国防洪法》《中华人民共和国防汛条例》《中华人民共和国抗旱条例》《中华人民共和国河道管理条例》《国家突发公共事件总体应急预案》以及《××省防洪条例》《××省水利工程管理条例》《××省河道管理条例》《××省防汛抗旱应急预案》和《××市突发事件总体应急预案》等法律法规和流域规划、区域规划及相关流域性、区域性水利工程调度方案等。

1.3 适用范围

本预案适用于××市境内发生的（以及邻市发生但对××市产生较大以上影响的）水旱灾害的预防和应急处置。水旱灾害包括：江河洪水、雨涝、风暴潮、干旱和堤防决口、闸（涵）站出险等及其引发的次生、衍生灾害。

1.4 工作原则

1.4.1 以人为本，安全第一。坚持人民至上、生命至上，把保障人民生命财产安全放在首位，最大限度地减少灾害造成的危害和损失。

1.4.2 党政同责，统一领导，分级分部门负责。各级政府是本行政区域内防汛抗旱工作的责任主体，实行行政首长负责制，统一指挥，分级分部门负责。

1.4.3 以防为主，防抗救结合。坚持预防和处置相结合，常态和非常态相结合，强化预防和应急处置的规范化、制度化和法治化。

1.4.4 统筹兼顾，服从全局。坚持因地制宜，城乡统筹，流域区域兼顾，突出重点，局部利益服从全局利益。

1.4.5 快速反应，协同应对。坚持第一时间响应，实行上下联动、公众参与、军民结合、专群结合、平战结合。

2 组织指挥体系及职责

2.1 市防汛抗旱指挥部

市人民政府设立市防汛抗旱指挥部（以下简称市防指），由指挥、常务副指挥、副指挥及成员单位组成。

2.1.1 市防指组成

市政府主要领导任指挥，市委常委、常务副市长任常务副指挥，分管副市长、××军分区副司令员、市政府相关副秘书长、市水利局局长、市应急管理局局长任副指挥，××军分区、市监察委员会、市委组织部、市委宣传部、市发展和改革委员会、市教育局、市工业和信息化局、市公安局、市财政局、市自然资源和规划局、市生态环境局、市住房和城乡建设局、市市政和园林局、市城市管理局、市交通运输局、市水利局、市农业农村局、市商务局、市文化广电和旅游局、市卫生健康委员会、市应急管理局、市人民防空办公室、市气象局、省水文水资源勘测局××分局、国家海洋局××海洋环境监测中心站、市通信管理办公室、武警××市支队、市消防救援支队、市供销合作总社、××海事局、××供电公司、中石化××石油分公司、××市城市轨道交通有限公司为指挥部成员单位。

2.1.2 市防指职责

市防指负责领导、组织全市防汛抗旱工作，主要职责：组织制定全市防汛抗旱工作的政策、规程、制度，启动、变更、结束防汛抗旱应急响应，组织抗洪抢险及抗旱减灾，协调灾后处置。

2.1.3 市防指成员单位职责

(1) ××军分区：负责组织协调部队、预备役部队和民兵支持地方开展水旱灾害防御工作，协助地方政府转移安置受灾群众、重要物资，保护人民生命财产安全。

(2) 市监察委员会：对防汛抗旱工作中履职不力的单位和个人进行问责追责。

(3) 市委组织部：对党政领导干部在防汛抗旱工作中履职情况进行考核激励。

(4) 市委宣传部：负责把握全市防汛抗旱宣传工作导向，组织指导协调防汛抗旱新闻发布和宣传报道；做好防汛抗旱公益宣传、知识普及；协助有关部门做好预警信息的公众发布。

(5) 市发展和改革委员会（市粮食和物资储备局）：负责重点水利工程、重大水毁修复项目计划、立项；承担市级救灾物资储备和管理，按照指令组织调运。

(6) 市教育局：负责全市教育系统防汛抗旱工作；组织学校开展防汛抗旱宣传，提高师生防范意识和自我防护能力；督促各地各学校开展校舍安全检查，落实防汛抗旱措施；督促做好学校及培训机构停课、学生转移等工作。

(7) 市工业和信息化局：指导协调全市工矿企业单位做好防汛抗旱工作，负责调查核实统计工业企业的灾情；根据抢险救灾需要，协调调度应急通信设施。

（8）市公安局：负责维护防汛抢险秩序和灾区社会治安秩序，确保防汛指挥、抗洪抢险、救灾物资运输等车辆的优先通行和畅通快捷；组织实施灾区道路交通管制和疏导；依法打击阻挠防汛抗旱工作以及破坏防汛抗旱设施的违法犯罪活动；协助有关部门妥善处置因防汛抗旱引发的群体性治安事件；协助有关部门组织群众从危险地区安全撤离或转移。

（9）市财政局：负责安排市级防汛抗旱基础设施建设、运行管理工作等所需经费；落实防汛抗旱应急处置资金；监督防汛抗旱经费和资金使用。

（10）市自然资源和规划局：负责地质灾害预防，防治因水旱灾害影响导致的突发性地质灾害；指导开展专业监测和预报预警等工作；承担地质灾害应急救援的技术支撑工作；负责组织发布海洋灾害预报预警，参加重大海洋灾害应急处置。

（11）市生态环境局：组织、协调因水旱灾害引起的突发环境污染事件应急处置、信息提供工作；组织环境应急监测。

（12）市住房和城乡建设局：负责城乡建设（房屋建筑工地等）防汛工作，必要时停止户外、高空作业；负责全市危房安全管理和应急排险工作，协助属地政府做好居住在危险房屋的群众的撤离疏散工作；指导全市物业管理行业做好防汛工作。

（13）市市政和园林局：负责指导城市（镇）防洪排涝、供水危机防御和应急处置；负责市级主次干道、快速路网、地下通道、隧道、雨水管道等及其附属设施的应急抢修及管理工作，负责排水防涝工作；督促相关单位做好供水、供气管路及路灯、行道树等市政园林公用设施的防护、巡查和抢修工作。

（14）市城市管理局：负责指导市区开展户外广告、店招标牌设施安全监督管理工作。督促各区政府（管委会）整改拆除有安全隐患的户外广告设施。

（15）市交通运输局：组织协调公路、水运设施及在建交通工程防洪保安；负责发布内河通航水域航行通（警）告，组织做好船只回港避险；负责组织协调抢险救灾物资调运、人员转移安置等所需的交通工具，协助公安机关做好交通疏导和车辆分流，保障抢险救灾道路畅通；负责全市应急排涝期间船舶安全监管。

（16）市水利局：组织指导水旱灾害防治体系建设；负责水情工情监测预报及预警信息发布，开展水利工程应急调度；监督指导水利工程安全运行管理和水毁水利工程修复；负责市级防汛抗旱物资管理；指导协调防汛抗旱抢险专业队伍建设，承担防汛抗旱抢险技术支撑工作。

（17）市农业农村局：负责核查报送水旱灾害引起的农业受灾情况；负责农业生产救灾指导和技术服务，指导做好灾后自救和恢复工作；组织监督渔船回港和养殖人员上岸避险；负责查处违反渔业法律法规规定，在河道水域违法设置捕捞养殖设施的行为。

（18）市商务局：负责并指导各地防汛抗旱期间重要生活必需品的市场监测和应急供应。

（19）市文化广电和旅游局：组织指导各类传媒开展水旱灾害防御宣传工作；负责对旅行社组团出行出游、重大文化娱乐活动和旅游景区等发布安全提示信息；根据预警级别督促关闭景区，指导旅游景区做好防御及游客避险、救护、疏导和转移工作，保障游客安全。

（20）市卫生健康委员会：负责灾区医疗救治、疾病预防控制和卫生监督工作，核查报送灾区医疗卫生信息。

（21）市应急管理局：统筹消防等应急救援力量建设，指导综合性应急救援队伍、各级各部门及社会应急救援力量建设；指导组织协调水旱灾害应急救援工作；依法统一发布灾情，承担灾情统计、上报、核查和评估工作；提出市级救灾物资的动用决策，组织协调重要应急物资的调拨和紧急配送；统一协调指挥防汛抗旱应急救援队伍，提请、衔接解放军和武警部队参与应急救援工作。

（22）市人民防空办公室：负责组织人防工程防汛工作。

（23）市气象局：负责灾害性天气的监测、预报、预警，对重要天气形势和灾害性天气作出滚动预报，及时向市防指提供预报、预警信息服务；组织开展救灾现场气象保障服务。

（24）省水文水资源勘测局××分局：负责提供水情、雨情等水文信息和预测预报。

（25）国家海洋局××海洋环境监测中心站：做好风暴潮、海浪的预测预报工作。实时向市防指发送预测预报信息。

（26）市通信管理办公室：负责协调电信运营单位保障全市通信设施正常运行和网络安全，做好灾区应急通信及重要通信保障工作。根据市防指指令，发布公益性预警、响应信息。

（27）武警××市支队：负责组织协调武警部队开展水旱灾害防御工作，参加重要工程和重大险情的抢险工作；协同当地公安部门维护抢险救灾秩序和灾区社会治安，协助地方人民政府转移危险地区的群众。

（28）市消防救援支队：负责组织、指挥各级消防救援队伍参与抢险救援工作；协助地方政府疏散和营救危险地区的遇险群众。

（29）市供销合作总社：发挥供销合作社系统连锁超市、农产品批发市场的调节作用，做好应急期间农副产品供应和市场稳价工作。

（30）××海事局：负责发布长江××段和沿海海域的航行警告；监督和指导海上施工作业船回港和施工人员上岸避险；及时开展遇险船舶搜寻救助。

（31）××供电公司：负责电力设施防洪保安，保障防汛抗旱用电需要。

（32）中石化××石油分公司：负责防汛抗旱成品油等货源的组织、储备、供应和调运。

（33）××市城市轨道交通有限公司：负责地铁在建工地、地铁营运的防汛工作。

2.1.4　市防汛抗旱指挥部办公室

市防汛抗旱指挥部下设办公室（以下简称市防办），设在市水利局，承担市防指的日常工作，负责组织指导协调各地、各部门开展水旱灾害预防和应急处置工作。

2.1.5　应急处置工作组

市防指下设8个应急工作组，分别为综合协调组、抢险救援组、宣传报道组、安全警戒组、转移安置组、专家技术组、后勤保障组、检查指导工作组等，承担相应工作职责。当启动Ⅲ级及以上响应时，市防指抽调相关成员单位至市防指中心集中办公。应急处置工作组组成如下：

（1）综合协调组：由市防办牵头，市自然资源和规划局、水利局、农业农村局、应急管理局、气象局、水文局等部门组成。

主要工作职责：负责综合协调、公文运转、会议组织、综合文字、资料整理和数据、灾情统计等工作，并按要求及时上报；负责纵向、横向和市防指各工作组的综合协调、监督工作。

（2）抢险救援组：由市应急管理局牵头，市公安局、财政局、市政和园林局、交通运输局、水利局、卫生健康委员会、人民防空办公室、消防救援支队、××军分区、武警××市支队、××海事局等单位组成。

主要工作职责：根据险情拟定抢险方案，部署抢险救灾工作；紧急下拨救灾经费；承担重大洪涝灾害突发事件的现场协调与应急救援工作，组织协调解放军、武警、消防和社会救援力量投入抢险救援及应急救援等工作；负责灾区卫生防疫和医疗救护工作。

（3）宣传报道组：由市委宣传部牵头，市水利局、文化广电和旅游局、应急管理局、市通信管理办公室等部门组成。

主要工作职责：负责对新闻媒体报道的协调和指导，组织和接待新闻采访；负责抗洪抢险和防汛抗旱信息的对外发布和宣传报道，必要时召开新闻发布会；负责把握舆论导向；做好公众自救防护知识宣传及防汛预警、汛情公告、安全提示等信息发布工作。

（4）安全警戒组：由市公安局牵头，市交通运输局等部门组成。

主要工作职责：负责道路交通管制，根据市防指或现场指挥部的调度指令，疏导救灾人员、车辆，实施重点防御区域警戒，维护治安秩序。

（5）转移安置组：由市应急管理局牵头，市教育局、工业和信息化局、公安局、自然资源和规划局、住房和城乡建设局、城市管理局、交通运输局、水利局、农业农村局、文化广电和旅游局、××海事局等有关部门组成。

主要工作职责：指导当地县（市、区）人民政府（管委会）转移危险区域人员和财物，妥善做好转移人员的安置；组织督导

××沿海海域渔业捕捞、养殖、施工作业等船只回港避风和水上作业人员、危险地区人员、外来旅游人员、建筑工棚及低洼地段所在人员的转移避险工作。其中，人员转移安置的具体组织实施由当地政府负责。

（6）专家技术组：由市水利局牵头，市应急管理局、气象局、水文局等部门及相关科研设计单位专家组成，并根据工作实际需要，适时调整专家组成。

主要工作职责：为全市防汛抗旱工作提供咨询和决策建议，制订抢险技术方案及重大险情的现场技术支撑指导，负责向险工险段派出技术指导专家，做好险情处置工作。

（7）后勤保障组：由市发展和改革委员会牵头，市工业和信息化局、财政局、交通运输局、水利局、××供电公司、市通信管理办公室等单位组成。

主要工作职责：组织协调物资保障和应急运输等工作，负责防汛抢险应急物资和抢险救援人员、受灾群众生活需要保障，做好重要部门、单位的电力、通信、交通保障。

（8）检查指导工作组：根据应急响应的等级和工作需要，市防指派出工作组赴各地检查指导防汛抗旱工作，具体组成见附件。

2.1.6　专家库

市防指组建专家库，由相关专业的技术和管理专家组成，为防汛抗旱指挥决策、应急处置等提供技术支撑。市防指成员单位根据行业特点组建行业专家组，有效应对台风、暴雨等极端天气引发的次生、衍生灾害，专家组名单报市防指备案。

2.2　地方政府防汛抗旱指挥部

各县（市、区）人民政府（管委会）设立防汛抗旱指挥机构，在本级党委、政府和市防指领导下，组织和指挥本地区的防汛抗旱工作，其办事机构设在县（市、区）水行政主管部门。

2.3　基层防汛抗旱组织

乡镇（街道）、村（社区）和企事业单位应按照基层防汛抗旱体系建设要求，明确职责和人员，在县级防指和乡镇（街道）党委（党工委）、政府（办事处）的领导下，做好本区域和本单位的防汛抗旱工作。

3　监测预报、预警和预防

3.1　监测预报

各级气象、水利、自然资源部门应加强暴雨、洪水、风暴潮、旱情的监测和预报，将结果及时报告有关防汛抗旱指挥机构，并按权限向社会发布有关预警信息。遭遇重大灾害性天气时，应加强联合监测、会商和预报，尽可能延长预见期，并对未来可能发展趋势及影响作出评估，将评估结果报告有关防汛抗旱指挥机构。

3.2　预警

各有关部门应建立监测预报预警信息报送、发布制度。

3.2.1　各级气象部门负责本行政区域内公众气象预报、灾害性天气警报，依法及时发布灾害性天气警报和气象灾害预警信号；与同级防汛、水利、应急管理部门实时共享卫星图像数据、气象监测预报预警信息。

3.2.2　各级水利部门负责本行政区域内的水情汛情旱情监测预报，依法及时发布水情汛情旱情预警信息和水利工程险情信息；及时向本级防汛抗旱指挥机构报告水情汛情旱情监测预报预警和调度信息。

3.2.3　各级自然资源部门指导开展与防汛有关的地质灾害专业监测和预报预警工作，负责海洋观测预报、监测预警工作，依法及时发布海洋观测预报和海洋灾害预警信息；与同级防汛、应急管理部门实时共享监测预报预警信息。

3.2.4　预警信息发布、调整和解除的途径包括网站、广播、电视（含移动电视）、报刊、短信、微信、微博或警报器、宣传车等，必要时可组织人员逐户通知。

3.3　预防

各级各部门应按照职责要求做好各项预防工作，组织各单位与公民积极开展自我防范。

3.3.1　预防准备

（1）组织准备：构建水旱灾害易发重点区域防御机制和监测网络，落实责任人、抢险队伍和应对措施，加强专业机动抢险队和服务组织的建设。

（2）工程准备：对可能出险的江海堤防、里下河圩堤、涵闸、泵站等各类水利工程设施实行应急除险加固；对跨汛期施工的涉水工程，落实度汛措施。

（3）预案准备：各级防汛抗旱指挥部门要及时修订本级防汛抗旱应急预案；市防指各成员单位要及时修订本行业领域防汛抗旱专项预（方）案，按有关规定报批并组织实施。

（4）物资准备：各级防指及有关单位要按照国家和省有关规定，分区域储备必需的抢险救灾物资和设备，在重点防御部位，现场前置一定数量的抢险及救灾物资和设备。

（5）通信准备：充分利用公用通信网络，确保通信专用网、水旱灾害易发区的报警反馈系统完好和畅通。健全水文、气象和信息共享网络，确保雨情、水情、工情、灾情信息和指挥调度指令及时传递。

（6）转移安置准备。按照属地管理的原则，各县（市、区）政府（管委会）负责本区域人员转移工作。组织落实应急避难场所并及时向社会公告，提前部署做好转移安置的各项准备工作。各相关部门按照职责分工指导各地做好船只回港避风和水上作业人员、危险地区人员、外来旅游人员、建筑工棚及低洼地段所在人员的转移避险工作。

3.3.2 检查巡查

（1）各级防汛抗旱指挥部门应定期组织开展防汛抗旱工作检查，对发现的问题及隐患，责成有关部门和单位限期整改。

（2）市防指相关成员单位应分析行业（系统）的隐患风险，按照各自职责加强对城镇危房、在建工程工地、交通道路、园林绿化、通信电缆、电力电线、户外广告牌等设施的检查和巡查，有针对性地采取预控措施，落实抢险队伍和物资等各项准备工作，实现风险闭环管理。

4 应急响应

4.1 应急响应总体要求

4.1.1 每年的5月1日至9月30日为汛期（特殊情况可提前

或延后）。进入汛期，各级防汛抗旱指挥部门实行 24 小时值班制度，全程跟踪雨情、水情、工情、旱情、灾情等防汛抗旱信息，实行分级报告并根据不同情况启动相关应急程序。

4.1.2　应急响应分为防汛应急响应和抗旱应急响应，由低到高分为Ⅳ级、Ⅲ级、Ⅱ级、Ⅰ级四个级别。Ⅰ级应急响应为最高级别响应。

4.1.3　在××市防汛抗旱指挥部启动应急响应后，市防指各成员单位、各县（市、区）防汛抗旱指挥部原则上应启动相应等级的应急响应。

4.2　防汛应急响应启动条件

4.2.1　出现下列条件之一，经市防办会商研判，报市防指领导同意，启动全市或局部Ⅳ级应急响应：

（1）市气象局发布暴雨蓝色预警信号。

（2）市水利局根据长江天生港潮位及内河主要站点水位发布水情蓝色预警信号。

（3）流域性防洪工程、区域性骨干防洪工程出现一般险情。

（4）省级启动防汛Ⅳ级响应（涉及××市）。

（5）其他需要启动Ⅳ级应急响应的情况。

4.2.2　出现下列条件之一，经市防办会商研判，报市防指领导同意，启动全市或局部Ⅲ级响应：

（1）市气象局发布暴雨黄色预警信号。

（2）市水利局根据长江天生港潮位及内河主要站点水位发布水情黄色预警信号。

（3）流域性防洪工程、区域性骨干防洪工程出现重大险情。

（4）省级启动防汛Ⅲ级响应（涉及××市）。

（5）其他需要启动Ⅲ级应急响应的情况。

4.2.3　出现下列条件之一，经市防办会商研判，报市防指领导同意，启动全市或局部Ⅱ级响应：

（1）市气象局发布暴雨橙色预警信号。

（2）市水利局根据长江天生港潮位及内河主要站点水位发布水情橙色预警信号。

（3）流域性防洪工程、区域性骨干防洪工程出现重大险情或小型涵闸出现垮塌，威胁人民生命财产安全。

（4）省级启动防汛Ⅱ级响应（涉及××市）。

（5）其他需要启动Ⅱ级应急响应的情况。

4.2.4　出现下列条件之一，经市防办会商研判，报市防指领导同意，启动全市或局部Ⅰ级响应：

（1）市气象局发布暴雨红色预警信号。

（2）市水利局根据长江天生港潮位及内河主要站点水位发布水情红色预警信号。

（3）流域性防洪工程发生特别重大险情，江海堤防发生决口，多处区域性骨干防洪工程或区域性河道发生决口，大中型涵闸出现垮塌，严重威胁人民生命财产安全。

（4）省级启动防汛Ⅰ级响应（涉及××市）。

（5）其他需要启动Ⅰ级应急响应的情况。

4.3　抗旱应急响应启用条件

4.3.1　出现下列条件之一，经市防办会商研判，报市防指领导同意，启动全市或局部Ⅳ级响应。

（1）市水利局发布干旱蓝色预警。

（2）××市1至2个县（市、区）大部地区达到气象干旱重旱等级，预计干旱天气或干旱范围进一步发展。

（3）其他需要启动Ⅳ级应急响应的情况。

4.3.2　出现下列条件之一，经综合研判后，报市防指领导同意，启动全市或局部Ⅲ级响应。

（1）市水利局发布干旱黄色预警。

（2）××市3个及以上县（市、区）大部地区达到气象干旱重旱等级，预计干旱天气或干旱范围进一步发展。

（3）其他需要启动Ⅲ级应急响应的情况。

4.3.3　出现下列条件之一，经综合研判后，报市防指领导同意，启动全市或局部Ⅱ级响应。

（1）市水利局发布干旱橙色预警。

（2）××市3个及以上县（市、区）大部地区达到气象干旱重旱等级，且至少1个县（市、区）的大部地区出现气象干旱特旱等级，预计干旱天气或干旱范围进一步发展。

（3）其他需要启动Ⅱ级应急响应的情况。

4.3.4 出现下列条件之一，经综合研判后，报市防指领导同意，启动全市或局部Ⅰ级响应。

（1）市水利局发布干旱红色预警；

（2）××市3个及以上县（市、区）大部地区达到气象干旱重旱等级，且至少2个县（市、区）大部地区出现气象干旱特旱等级，预计干旱天气或干旱范围进一步发展。

（3）其他需要启动Ⅰ级应急响应的情况。

4.4 应急响应发布

应急响应启动后，市防办及时将通知通过公文平台或传真发送至市防指成员单位和各地防指，并通过主流媒体向社会公众发布。

4.5 应急响应行动

每级应急响应行动包含低级别应急响应的所有内容。启动Ⅳ级应急响应由市防指副指挥签发，启动Ⅲ级应急响应由市防指常务副指挥或其授权的副指挥签发，启动Ⅱ级应急响应由市防指指挥或其授权的副指挥签发；启动Ⅰ级应急响应由市防指指挥签发。启动应急响应的同时向省防指报告。

4.5.1 Ⅳ级应急响应行动

（1）市防指副指挥或市防办负责人主持会商，市自然资源和规划局、水利局、农业农村局、应急管理局、气象局、水文局等成员单位参加，作出相应工作安排。视情连线有关县（市、区）防指部署工作。

（2）市防办主任坐镇指挥。

（3）市防办加强值班，密切监视汛情、旱情和工情的发展变化，组织协调本市防汛抗旱工作。

（4）市防指成员单位按照市防指部署要求和各自职责，组织做好本部门、本行业防汛抗旱工作，及时向市防指报告工作动态。

（5）相关县（市、区）防指启动相应的应急响应，加强汛

（旱）情监测，组织做好防洪工程应急调度、防汛抢险、抗旱救灾、人员避险转移安置等工作，及时将防汛抗旱工作情况报当地政府和市防指。

4.5.2　Ⅲ级应急响应行动

（1）市防指常务副指挥或副指挥主持会商，市自然资源和规划局、住房和城乡建设局、市政和园林局、交通运输局、水利局、农业农村局、应急管理局及气象局等主要成员单位参加，部署防汛抗旱工作，视情连线有关县（市、区）防指部署工作。

（2）市防指副指挥坐镇指挥，明确市防指相关成员单位负责人或指派人员进驻市防汛抗旱指挥中心，进行联合值守、现场办公，协助指挥调度，做好相关数据统计工作。

（3）市防指做好抢险物资和队伍准备，视情派出检查指导工作组赴一线指导防汛抗旱工作。

（4）市防指成员单位按照市防指部署要求和各自职责，组织做好本部门、本行业防汛抗旱工作，及时向市防指报告工作动态。

（5）相关县（市、区）防指启动相应的应急响应，加强汛（旱）情监测，组织做好防洪工程调度、防汛抢险、抗旱救灾、人员避险转移安置等工作，及时将防汛抗旱工作情况上报当地党委、政府和市防指。

4.5.3　Ⅱ级应急响应行动

（1）市防指指挥或常务副指挥主持会商，市防指全体成员单位主要领导参加，全面部署全市防汛抗旱工作。

（2）市委、市政府视情派出工作组赴相关县（市、区）督查指导防汛抗旱工作。

（3）市防指常务副指挥或副指挥坐镇指挥。

（4）市防指24小时内派出检查指导工作组或专家组赴一线指导防汛抗旱工作。

（5）市防指各应急处置工作组牵头部门以及市气象局、水文局、农业农村局等部门负责人或指派人员进驻市防汛抗旱指挥中心。

（6）市防指相关成员单位按照市防指部署要求和各自职责，组织做好本部门、本行业防汛抗旱工作，及时向市防指报告工作动态。

（7）根据险情灾情需要和地方请求，解放军、武警部队、消防等各类抢险队伍做好人员待命准备，视情投入防汛抢险救灾工作。

（8）相关县（市、区）防汛抗旱指挥部启动相应的应急响应。县（市、区）主要领导主持会商，动员部署防汛抗旱工作；加强汛（旱）情监测，组织做好防洪工程调度、防汛抢险、抗旱救灾、人员避险转移安置等工作，必要时，应采取停工、停课、停市、停运和封闭交通道路等措施。各地防汛抗旱指挥机构应将工作情况上报当地人民政府和市防汛抗旱指挥机构。

4.5.4　Ⅰ级应急响应行动

（1）市防指指挥主持会商，市防指全体成员单位主要领导参加，安排部署防汛抗旱和抢险救灾工作。

（2）根据汛情、灾情、险情发展，报经市委主要领导同意，可依法宣布受影响地区进入紧急防汛期。

（3）市防指指挥或常务副指挥坐镇指挥，市防指全体成员单位负责人或指派人员进驻市防汛抗旱指挥中心。

（4）市防指向灾害发生地加大工作组或专家组派出数量。

（5）市防汛指挥部成员单位主要领导进入指挥岗位，组织指挥本系统、本行业全力投入防汛抗旱抢险工作，确保各项防范措施落实到位。

（6）各县（市、区）党委、政府（管委会）主要领导组织指挥辖区内防汛抗旱和抢险救灾工作。

（7）全市各级抢险队伍进入应急状态；各应急物资保障单位为防汛抗旱工作提供全力保障。解放军、武警部队、消防等各类抢险队伍全力投入防汛抢险救灾工作。

（8）当灾害持续发展到本市层面难以控制和处置时，由市防指向省防指报告，请求上级和有关方面支援。

4.6　应急响应措施

4.6.1　长江洪潮

（1）当长江干流大通流量达5.5万立方米每秒时，沿江各地及相关单位应严密注意洪潮相遇形成的高潮增水，及时加强对堤防的管理、检查。

（2）出现长江洪峰持续过境，沿江县（市、区）必须加强对沿江重点险段及节点工程部位的水下河势监测，掌握深泓变迁情况，必要时组织工程抢险。

（3）在宣布进入紧急防汛期后，沿江各地防汛抗旱指挥机构依法行使相关权利、采取特殊措施，保障抗洪抢险工作的顺利实施。

4.6.2 暴雨内涝

（1）当出现雨涝灾害时，水利部门应科学调度水利工程，尽快排出涝水，降低河道水位，恢复正常生产生活秩序。

（2）降雨过程中，当地住建、市政等部门应加大重要路段、重点区域、地下空间等易积淹水点的巡查力度，一旦发现积淹水情况，立即采取措施应对，保证积淹水及时排除。

4.6.3 风暴潮

（1）相关地区防汛抗旱指挥部应密切监视风暴潮动态，各类防汛责任人按预案进岗到位，自然资源、水利部门及时发布预警，立即报同级政府及防汛抗旱指挥机构。

（2）农业农村、海事部门按职责组织海上船只回港避险，落实无动力船只安全监管措施；文化与旅游部门关闭沿海旅游景区；组织风暴潮可能经过的地区等各类危险区域人员安全转移。

（3）督促相关地区组织力量加强巡查，督促对病险堤防、涵闸进行抢护或采取紧急处置措施，风暴潮可能明显影响的地区，采取预降措施降低河道水位。

4.6.4 干旱

（1）强化地方行政首长抗旱目标责任制，确保城乡居民生活和重点企业用水安全，维护灾区社会稳定。

（2）防汛抗旱指挥机构强化抗旱工作的统一指挥和组织协调，加强会商，强化抗旱水源的科学调度和用水管理，各有关部门按照防汛抗旱指挥机构的统一指挥部署，协调联动，全面做好抗旱工作。

（3）加强旱情墒情监测，掌握旱情灾情及抗旱工作情况，调度抗旱骨干水源工程，提前开展引水、蓄水、保水，增加可能干旱地区可用水源；及时分析旱情变化发展趋势及影响，上报、通报旱情信息和抗旱信息，适时向社会通报旱情信息。

（4）适时启动相关抗旱预案，并报上一级防汛抗旱指挥机构备案。必要时经本级政府批准，可宣布进入紧急抗旱期，启动应急开源、应急限水、应急调水、应急送水等各项特殊抗旱措施，条件许可时组织实施人工增雨作业。

（5）加强旱情灾情及抗旱工作的宣传，动员社会各方面力量支援抗旱救灾工作。

4.6.5 水利工程险情

（1）当出现堤防决口、水闸垮塌等水利工程险情前期征兆时，当地政府要迅速调集人力、物力全力组织抢险，尽可能控制险情，并及时向下游发出警报。堤防决口、水闸垮塌等事件应立即报告市防指。

（2）当出现堤防决口、水闸垮塌等水利工程险情前期征兆时，当地政府应迅速组织受影响群众转移，并视情况抢筑防线，控制灾害影响范围，尽可能减少灾害损失。

（3）当出现堤防决口、水闸垮塌等水利工程险情后，当地政府应立即启动堵口、抢护应急预案，组织实施堵口。水利部门负责抢险技术支撑，并调度有关水利工程，为实施堵口创造条件；应急管理部门负责协调队伍、物资支援抢险。

4.7 信息报告和发布

4.7.1 信息报告

（1）汛情、旱情、工情、险情、灾情等防汛抗旱信息实行分级上报，归口处理，同级共享。

（2）险情、灾情发生后，各县（市、区）防指、职能部门和责任单位要按照相关预案和报告制度的规定，在组织抢险救援的同时，及时汇总相关信息并迅速报告。重大汛情、险情、灾情，必须在接报后立即向市防办报告，1小时内提交书面报告。

（3）各县（市、区）防指、相关单位、部门要与毗邻区域加强协作，建立突发险情、灾情等信息通报、协调机制。一旦出现跨区域的险情、灾情，要根据应急处置工作的需要，及时通报，加强联系和协调。

4.7.2　信息发布

（1）防汛抗旱的信息发布应当及时、准确、客观、全面。

（2）市防办统一审核和发布防汛抗旱动态；防灾抗灾救灾信息由相关主管部门审核和发布。

（3）信息发布形式主要包括授权发布、播发新闻稿、组织报道、接受记者采访、举行新闻发布会等。

（4）地方防汛抗旱动态由各地防汛抗旱指挥机构审核和发布。

4.8　社会动员和参与

出现水旱灾害后，事发地的防汛抗旱指挥机构可根据事件的性质和危害程度报经当地政府批准，对重点地区和重点部位实施紧急控制，防止事态及其危害的进一步扩大。必要时可通过当地政府广泛调动社会力量积极参与应急突发事件的处置，紧急情况下可依法征用、调用车辆、物资、人员等，全力投入抗洪抢险。

4.9　应急响应变更和结束

4.9.1　市防指根据灾害发展趋势和对××市的影响情况适时变更应急响应等级。

4.9.2　当出现以下条件时，经市防办会商研判，报市防指领导同意后，结束防汛应急响应：

（1）市气象局解除暴雨预警信号。

（2）市水利局解除洪水预警信号。

（3）工程险情得到控制。

（4）灾情得到有效缓解。

4.9.3　当出现以下条件时，经市防办会商研判，报市防指领导同意后，结束抗旱应急响应：

（1）市水利局解除水情干旱预警；

（2）灾情得到有效缓解。

5　保障措施

5.1　组织保障

建立健全防汛抗旱指挥机构，完善组织体系，细化成员单位任务分工，明确工作衔接关系，建立与县（市、区）级防汛抗旱指挥部应急联动、信息共享、组织协调等工作机制。

5.2 资金保障

市和县（市、区）级财政安排防汛抗旱专项资金，用于补助遭受水旱灾害的地方和单位开展防汛抗洪抢险、修复水毁水利设施以及抗旱支出。防汛抗旱抢险应急处置经费，按现行事权、财权划分原则，分级负担。

5.3 物资保障

各级水利、应急管理、发改委（粮食和物资储备）、供销合作等部门按职责分工负责储备防汛抗旱、抢险救援救灾物资及装备，其他企事业单位应按相关规定储备防汛抢险抗旱物资及设备。各级防汛抗旱指挥机构可委托代储部分抢险物资和设备。

5.4 队伍保障

防汛抗旱抢险队伍由综合性消防救援队伍、专业抢险救援队伍、解放军和武警部队、基层抢险队伍及社会抢险力量等组成。公安、住房和城乡建设、交通、水利、卫生健康、电力、海事等部门组建专业抢险救援队伍。

各级防汛抗旱指挥机构应组织抢险救援队伍开展业务培训和演练工作。

5.5 技术保障

市防办搭建水旱灾害信息互联互通共享平台，完善防汛抗旱指挥系统建设，加强对各级防办能力建设的检查指导，提升全市防办系统水旱灾害应对与综合防御能力。

市水利局承担防汛抗旱抢险技术支撑工作，市自然资源和规划局承担地质灾害应急救援技术支撑工作。市气象局承担灾害性天气的监测、预报及预警技术支撑工作。

5.6 通信保障

各通信运营企业应优先为防汛抗旱指挥调度做好通信保障。各级防汛抗旱指挥机构应以公用通信网为主，组建防汛专用通信网络，确保信息畅通。在紧急情况下，应充分利用公共广播和电视等媒体以及手机短信等发布信息，通知群众快速撤离，确保人民生命安全。

5.7　交通保障

交通运输部门主要负责协调群众安全转移、抢险救灾物资所需交通工具的紧急调配，优先保障防汛抢险人员、防汛抗旱物资运输；负责河道行洪时的通航安全。

5.8　供电保障

电力部门主要负责保障抗洪抢险、抢排雨涝、抗旱救灾等方面的供电需要和应急救援现场的临时供电需要。

5.9　治安保障

公安部门主要负责做好灾区的治安管理工作，依法严厉打击破坏抗灾救灾行动和工程设施安全的行为，保证抗灾救灾工作的顺利进行；负责组织做好防汛抢险时的戒严、警卫工作，维护灾区的社会治安秩序。

6　善后工作

6.1　灾后重建

各相关部门应尽快组织灾后重建，原则上按原标准恢复，条件允许可提高标准重建。旱情解除后，对经批准的临时截水工程和设施须尽快拆除，恢复原貌。

6.2　水毁修复

汛期结束或洪水退去后，各地人民政府（管委会）组织有关部门尽快修复通信、市政公用、交通、水利、电力等水毁工程设施，力争在下一次洪水到来之前恢复主体功能。

6.3　物资补充

针对防汛抗旱物资消耗情况，按照分级负担的原则，各级财政应安排专项资金，按物资储备要求及时补充到位。

6.4　行洪区运用

行洪区运用后，行洪参照蓄滞洪区运用补偿暂行办法等有关规定对运用损失予以补偿，财政、水利等部门组织核查财产损失，提出补偿方案，由当地人民政府负责补偿。

6.5　补偿要求

防汛抗旱指挥机构在紧急防汛（抗旱）期征用、调用的物资、设备、交通运输工具等，汛（旱）期结束后应及时归还或按有关规定给予补偿。调用专业防汛抢险队或抗旱服务队，由申请调用的单位给予适当补助。

对受影响较大的行业、企事业单位和个人，有关部门要及时研究提出相应的补偿或救助政策，报市政府审批。

6.6 总结评估

每年各级防汛抗旱指挥机构和各成员单位应对防汛抗旱工作进行复盘评估，分析原因，总结经验。

6.7 奖惩

对在防汛抢险和抗旱工作中作出突出贡献的集体和个人给予表彰；对在防汛抢险和抗旱工作中英勇献身的人员，按有关规定追认为烈士；对在防汛抗旱工作中玩忽职守造成损失的，依法追究当事人的责任，并予以处罚，构成犯罪的依法追究其刑事责任。

7 预案管理

7.1 预案修订

本预案由市水利局牵头负责编制，市人民政府审批。各县（市、区）防汛抗旱指挥部根据本预案，制定本级相应的应急预案，经同级政府批准实施，并报上级防汛指挥机构备案。市有关部门（单位）结合实际，编制本部门（单位）防汛抗旱应急专项预案或纳入本单位应急预案，报市防办备案。

防汛抗旱应急预案应根据本区域实际情况变化适时修订，并按原报批程序报批。

7.2 预案解释部门

本预案由市水利局负责解释。

7.3 预案实施时间

本预案自印发之日起实施。

（刘　毅　樊龙俊　凌建峰）

下篇：水上医学急救

第六章

水上医学救援概述

第一节 水上医学救援体系

随着航运事业的发展，各种海损事故也随之增多。水上航运及海洋工程是全球公认的高危行业，突发事件较多。例如，1912 年英国"泰坦尼克号"与冰山相撞后沉没，造成 1500 余人遇难；2015 年"东方之星"号客轮在由南京开往重庆的途中翻沉，造成 442 人遇难；2018 年巴拿马籍"桑吉"轮满载凝析油与中国香港籍散货船"长峰水晶"轮在东海海域发生碰撞，"桑吉"轮燃爆、船舶失火并最终沉没，造成 3 人死亡及 29 人失踪；2020 年日本"钻石公主"号邮轮上累计确诊新冠病毒感染病例 712 例，其中 13 人死亡（截至 2020 年 12 月数据），并造成疫情大范围扩散。

不同类型的水上突发事件造成的人身伤害也有不同类型特征：洪水、海啸、台风等自然灾害事故主要造成淹溺、外伤等；传染性疫情等突发公共卫生事件主要引发消化道传染病、呼吸道传染病、虫媒传染病等危害；海上工程平台事故、水上交通运输事故等造成的人身危害包括烧伤、创伤、淹溺及合并海水浸泡伤等；恐怖袭击、海盗袭击等突发社会安全事件造成的人身伤害以爆炸伤、烧伤、枪伤等为主。

水上突发事件的紧急医学救援关系到人民生命财产安全，关系到国家经济利益，具有紧迫性和社会影响重大的特征。《1910 年统一海难援助和救助某些法律规定公约》《1979 年国际海上搜寻和救助公约》《联合国海洋法公约》及《经修正的〈1974 年国际海上人命安全公约〉》，构成了海上（水上）灾难应急救援的基本准则，并得到大多数国家的承认和接受，最大

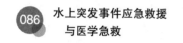

限度地保证了海上灾难应急救援的法律体系的统一性，促进了海上遇险人员搜救与医疗救援的国际合作。

一、水上医学救援体系概况

水上医学救援体系的发展多与国家的水上军（警）事力量的发展紧密关联，日常的水上医学救援和战时保障始终保持有机结合，水上医学救援的组织协调都以海军为主体，其他政府、非政府组织或专业救援队伍参与协调。

（一）国外水上医学救援体系概况

英、美等国家十分重视海上医学救援工作，将海上应急医学救援和战时保障有机结合，建立了完整的"五级医疗阶梯"体系，形成了严密的"战斗前沿→战区后勤地域→大后方"卫勤保障链，并配置体系完整的轻巧便携的医疗救护装备，为伤病员提供快速、有效的救治。各级医疗阶梯具体组成及职能如下。

第一级医疗阶梯：由舰艇看护兵、医助和军医组成，主要采用自救、互救和急救方法完成对伤员的紧急生命救治。

第二级医疗阶梯：由大型舰船（如航空母舰、两栖指挥舰、大型辅助船等）上的军医、医助、独立看护兵等组成，主要完成初步复苏、稳定伤情、初步手术治疗及伤病员的短期留治，以防伤病员迅速死亡或肢体及其他机体功能丧失，并做好后送准备，视伤病情后送治疗。

第三级医疗阶梯：由后勤地域医院、舰队医院、医院船、快速部署医院、应急医院和空运医院组成，主要完成较确切的复苏治疗和手术治疗，多数伤员在此阶梯开始逐渐康复。

第四级医疗阶梯：由后勤地域医院、基地医院专科治疗。

第五级医疗阶梯：由本土的海陆空三军医院、退伍军人管理局医院和属于国家灾难医疗系统的民间医院组成，主要完成确定性治疗、专科治疗和最终康复治疗。

（二）中国水上医学救援体系概况

中国水上医学救援体系的发展起步于海军水上医学救援力量的建设，以20世纪80年代中期"南康"号代医院船的服役为标志，海军水上医学救援体系由单纯的"船舰—岸基"两级救治发展为三级医疗阶梯式的水上救治体系。

第一级医疗阶梯：舰艇救护所，以舰船或编队的医务室为主要单位，完成即时的包扎、止血、固定、防窒息、解毒、简单抗休克处理等，以稳定病情后送。

第二级医疗阶梯：以医院船和大型补给舰船为主体，作为海上主要的救治平台，可完成大部分早期战伤救治任务及早期专科治疗，同时担负伤病员的后送任务。

第三级医疗阶梯：以基地医院、后方医院为主体，主要完成确定性治疗和恢复性治疗。

虽然我国现在基本建成的硬件平台可满足一般海上卫勤保障和水上突发事件医学救治需求，但是海军水上三级医疗救治阶梯存在不足，特别是后两级救治力量存在海上适应性不足、指挥智能化程度不高与标准和技术规范相互不兼容等问题。

尽管我国已建成完整、高效的水上搜救组织体系，但在水上医学救援方面还存在以下主要问题：

（1）水上医学救治力量不足，医疗救治条件尚不完善；

（2）水上医疗救治链不畅，医疗救治的连贯性较差。

目前，水上作业舰船没有正式的岸基对接医院，导致水上作业人员在出现常见病时通常需待上岸后依赖社会医疗体系得到救治。如遇急症，则可能面临医疗保障措施缺乏，包括缺乏专业医务人员直接对接的救治指导，以及健康档案缺无或病案管理不规范等。

二、水上医学救援的体系建设

水上医学救援是水上搜救体系的重要组成部分。近年来，国家和地方均出台了相关政策，旨在提升应急医疗响应能力，完善救援机制。《国务院办公厅关于加强水上搜救工作的通知》（国办函〔2019〕109号）明确提出推进水上医学救援基地建设。这就需要卫生健康部门协调医疗资源参与水上应急救援，包括远程医疗咨询、医疗救援及伤病人员收治；强调"生命至上"原则，优先保障遇险人员的生命救助权，建立快速转运和医疗救治的无缝衔接机制；鼓励社会力量参与救援，支持医疗机构与海事部门合作，提升联合演练和应急技能培训水平。

交通运输部等二十三个部门和单位联合印发《关于进一步加强海上搜救应急能力建设的意见》（交搜救发〔2022〕94 号），提出"提高医学救援和善后处理效能"，要求强化海上搜救全流程衔接，包括医疗资源前置介入、远程指导、快速转运等，明确加强船载危险化学品险情、船舶火灾等场景的医学救援能力建设，加强专业化医疗队伍建设和装备配备。

国家卫生计生委发布的《突发事件紧急医学救援"十三五"规划（2016—2020 年）》明确要求"开展海（水）上医疗转运与救治。在我国沿海和沿江河湖泊地区，按区域布局建设国家海（水）上紧急医学救援基地，重点加强海（水）上伤病救治队伍和设备条件等专业化建设"。

（一）构建水上医学救援领导体系

水上医学救援领导体系的构建是提升水上突发事件应急响应能力的关键环节，其核心在于整合多方资源、明确职责分工、优化指挥流程。

1. 组织架构

1）三级政府联动机制

省、沿海设区的市、县（市、区）三级政府需设立由多部门参与的水（海）上搜救中心，明确将水上医学救援纳入国民经济和社会发展规划，落实属地责任，可以整合海事、交通、应急等部门资源，形成基层协同指挥网络。

2）医疗与海事部门协同

医疗机构与海事部门合作，通过"一键响应"机制实现应急预案同步启动，医疗资源前置介入救援现场，确保"险情即时响应—医疗无缝对接"。此类模式明确了卫生健康部门需指定医疗机构承担远程医疗咨询、伤员收治等任务，并纳入搜救责任体系。

2. 责任分工

水上医学救援领导体系中，医疗机构与行政机构的关系是高度协同的联动机制，两者在职能分工、资源调配、信息互通和决策执行上形成互补。

（1）职能分工：行政机构主导统筹，医疗机构执行专业救援。

• 行政机构，如应急管理部、卫健委、海事部门等，主要职能有顶层设计与协调、指挥决策、资源保障等。

顶层设计与协调：负责制定应急预案、政策法规及救援标准，统筹跨部门资源（如船只、直升机、物资）。

指挥决策：在突发事件中启动应急响应，划定救援区域，协调公安、交通、气象等部门支持。

资源保障：提供资金、设备及后勤支持（如临时码头、空中管制权限）。

- 医疗机构，如医院、急救中心、水上医疗队等，主要职能有现场救治、技术支持、数据反馈等。

现场救治：实施伤员检别分类、紧急医疗处置、危重症转运。

技术支持：提供远程会诊、医疗方案指导（如淹溺、低体温症等特殊伤情）。

数据反馈：实时向指挥中心报告伤亡情况、医疗资源需求，辅助动态决策。

（2）协作机制：信息共享与联合行动。

联合指挥平台的建立：行政机构设立应急指挥部，医疗机构派代表（如医疗组长）参与，确保医疗需求纳入全局决策。

资源整合：行政机构调拨救援船、直升机等运输工具，医疗机构配置随船医护团队和移动 ICU 设备。医疗物资储备库由行政机构管理，按需快速调配至一线。

（3）分级响应流程。

初级响应：基层医疗机构（如港口医疗站）先行处置，控制伤亡。

升级响应：重症患者通过行政协调的绿色通道转入三甲医院。

（4）责任边界划分。

行政机构对救援延误或资源调配失误负主体责任。

医疗机构对医疗过错或操作违规承担专业责任。

（二）建设水上医学救援基地

水上医学救援基地建设以专业化工作机制和条件保障为重点，包括设立水上医学救援指挥中心和建立水上医学救援培训基地（图6-1）。

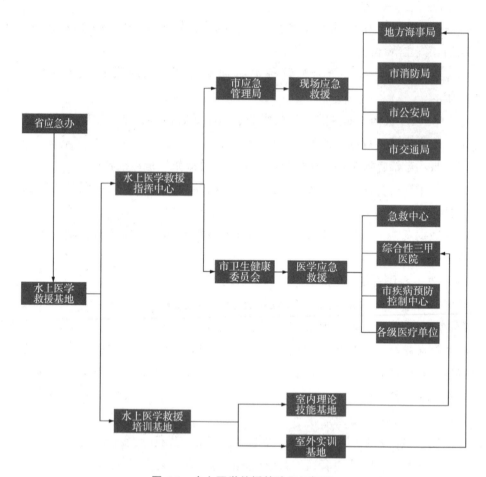

图 6-1　水上医学救援基地组织框架

1. 水上医学救援指挥中心

水上医学救援指挥中心可通过通信网络与海事部门、救援前线实时对接，通过北斗卫星系统精准定位救援地点。水上医学救援指挥中心具有以下几项职能：

（1）负责水上医学救援反应预案的制定、运行、更新和管理。

（2）承担水上医学救援值班和医学救援的组织、指挥、协调工作。

（3）负责组织水上医学救援演练和演习工作。

（4）负责组织水上医学救援人员的安全知识、专业知识、新技术应用等方面的培训和水上安全知识宣传。

（5）负责水上医学救援信息系统建设。

2. 水上医学救援培训基地

水上医学救援培训基地分为室内理论技能基地和室外实训基地。室内理论技能基地应设立在综合性三甲医院内，由急诊医学科承担水上应急医学救援理论及操作技能培训；室外实训基地应设于近海或重要江河水域，由省卫健委应急办、市卫健委及地方海事局牵头成立，并可作为应急救援船只停靠处。

水上医学救援培训基地主要有以下几项职能：

（1）建立日常训练制度，制订训练计划，明确训练项目和内容以及相应的训练标准，并付诸实施。

（2）建立水上医学救援专家库、后备医院库、物资储备库、后勤保障库等基础信息资源库。

（3）负责编写水上险情预防、应急处置等安全知识宣传资料，通过媒体和其他适当方式开展水上安全知识宣传工作。

（4）负责通过媒体和其他适当方式发布水上应急预案信息，介绍应对水上突发事件的常识。组织新闻媒体，开展水上突发事件的预防与应急处置、自救与互救知识的公益宣传。

（5）开展有关突发事件应急知识的宣传普及活动，开展必要的应急演练。

（6）联系教育行政部门，根据本地实际情况，将水上突发事件应急救援知识纳入学校教学内容，培养师生的水上安全意识和自救互救能力。

第二节　水上医学救援内容与特点

水上环境复杂，在发生突发事件时，伤患往往集中出现，且患者常合并多种损伤症状，伤情较重且复杂。除常规的烧伤、火器伤、骨折、开放性外伤、淹溺、窒息等症状外，还有海洋生物伤、浸泡性低体温症、水下冲击波损伤等致死率较高的特殊损伤。水上突发损伤还易导致既往基础疾病的发作，如急性心力衰竭、急性呼吸衰竭、高血压急症等。在群体性突发事件中还可能引发群体性心理疾病，包括恐慌及后续的创伤后应激障碍等。

一、水上医学救援的主要工作内容

（一）水上搜寻

水上搜寻作为保障生命财产安全的重要措施，其重要性是不言而喻的。搜寻作为水上救援的第一步，是整个搜救行动取得成功的前提。水上遇险人员通常面临严峻的紧急状况，其成功获救的概率与搜寻的迅速性和有效性密切相关。为了确保搜寻的迅速与高效，必须采取科学合理的搜寻方法。正确的搜寻方法不仅能使遇险人员在较短时间内被定位并得到救援，而且能节约大量的搜寻资源。

（二）水上救护

与水上搜寻、捞救同步开展的水上救护工作主要包括对落水人员的现场一线医疗救护、伤患转运以及与陆上医疗机构的联络协调，以确保后续医疗救护顺利进行。

执行伤患救援、转移后送及收容救护的任务时，应根据任务的性质、规模和所具备的运输条件，选择不同的交通工具或救护平台，包括医疗直升机、舰船、医院船、卫生救护艇等，在救援现场按照伤患数量与不同症状属性迅速分类处置。伤患人数多的应采用卫生运输船迅速分散后送，一般选择向三级医院或专科医院转送；危重伤患采用医疗直升机后送；症状较轻者采用卫生运输船或其他交通工具后送至二级医院或定点医院。

后送途中需对伤患进行不间断的伤情监测并采取有针对性的医疗处置，特别要严防船舶、飞机摇摆导致伤患因呕吐而引发窒息；对于伴有严重呼吸功能不全的伤患，空中后送途中及时给氧可大幅度降低转运途中不良事件的发生率。同时，陆上接收医院应提前派急救人员和运输工具在码头、机场接收转运后送的伤患，后送人员到达目的地后应将伤患的相关资料和伤情向接收医院的相关医生、护士做好交底。

二、水上医学救援的特点与难点

（一）水上医学救援的特点

（1）规模不一，任务形式多样：水上医学救援任务具有多样性的特点，以灾害救援为主，遇险者受伤形式以骨折、颅脑损伤、烧伤、爆炸伤、化学毒物沾染、淹溺伴低体温为主。

（2）具有突发性、复杂性、流动性：水上突发事件往往无预警或因防备不足而突然发生，水上灾害发生的时间、地点难以预知，伤情、现场环境、水上气象情况复杂，而且救援地点随水流或洋流情况变化可能存在较大变动。

（二）水上医学救援的难点

（1）指挥体系不确定：执行水上应急救援任务过程中，参与救援的力量呈现多元化特征，涉及众多行业和部门协同合作。医学救援队伍作为配合力量，通常从相关部门临时抽调，在不同的任务背景和保障模式下，其指挥体系表现出一定的不确定性。

（2）独立保障能力弱：由于水上应急救援任务紧急，救援对象及伤员状况存在诸多不确定性，加之在救援过程中人力资源和运输能力有限，难以实现全面覆盖，因此，水上医学救援在药械供应、通信联络、救援人员自身安全等方面的独立保障能力较弱。

（3）专业能力要求高：水上灾害的多样性、复杂性及紧迫性对医学救援的专业能力提出了较高的要求，这主要体现在专业人员、专业装备、专业技术3个方面，因此，必须构建一个组织有序、训练有素、协作高效的专业团队。

（4）受环境影响大：水上应急救援环境，特别是气象条件对救援行动有直接影响，云、雾、雨使能见度显著降低，影响对落水者的搜、救、捞，风浪的存在甚至可能威胁救援人员的生命安全。此外，待救援船只的噪声、油气排放等也容易导致落水者出现心理、生理功能障碍。

（5）对人员综合素质要求高：水上医学救援多在水面展开，然而大多数医疗人员缺乏水上工作的经验，在实际救援过程中可能发生晕船等不良反应，因此，水上医疗救援对救援人员的身体素质提出了较高的要求。

（6）伤患转运困难：鉴于水上事故现场环境的特殊性及救援装备条件的局限性，伤患的后送转移过程通常面临较大挑战，此过程对救援成效具有显著影响。

第三节　水上医学救援工作原则、工作流程及基本措施

一、水上医学救援工作原则及工作流程

　　水上医学救援坚持以人为本、科学决策，统一领导、综合协调，统一指挥、就近快速，预防与搜寻救助相结合、专业搜寻救助与社会搜寻救助相结合的工作原则。

　　现场救治必须遵循先救命后治伤，先重伤后轻伤，先抢后救、抢中有救的原则。

　　水上医学救援工作流程见图 6-2。

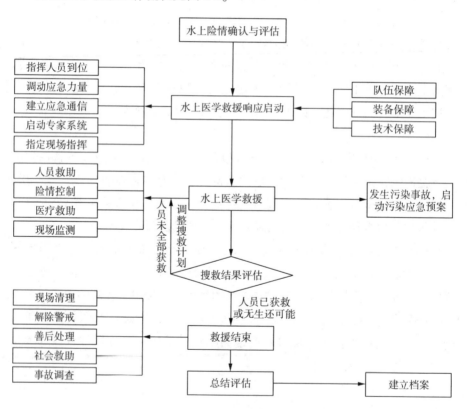

图 6-2　水上医学救援工作流程

二、水上医学救援基本措施

（一）指挥措施

水上突发事件发生后，水上医学救援指挥部应立即进入应急救援行动状态。

（1）根据水上突发事件的情况制定水上医学救援方案，明确医学救援的工作任务与具体救援措施。

（2）调动事发附近水域具备水上医学救援能力的队伍前往救援。

（3）及时报告现场情况及水上医学救援进展，提出应急行动建议。

（4）在水上应急救援现场，若出现严重威胁救援人员及遇险人员安全等情形，或遇险人员拒绝接受救援时，现场指挥部有权决定采取强制性救援措施。

（二）准备措施

承担应急指挥职责的水上搜救机构应明确告知搜寻及医学救助力量以下事项：

（1）险情种类、遇险者情况及所需要的救助、所执行的任务及其目的；

（2）险情发生的时间、位置；

（3）搜寻救助区域和该区域的水文气象；

（4）已指定的现场指挥（员）；

（5）通信联络要求；

（6）实施搜寻救助过程中的工作与现场报告要求；

（7）其他所需信息。

（三）保障措施

水上医学救援指挥中心应居中协调，做好以下工作：

（1）做好遇险人员的医疗救护；

（2）当险情可能对公众造成危害时，通知有关部门组织人员疏散或转移；

（3）做出维护治安（警戒线、通道维护等）的安排；

（4）请有关部门提供水上突发事件应急反应的支持保障。

（四）救援措施

专业医学救援力量应采取以下措施：

（1）接到水上医学救援指令的，应当立即执行（有特殊情况不能立即执行的，应当及时报告）；

（2）按照要求将出动情况、水上突发事件现场情况及医学救援进展及时报告给水上搜救机构；

（3）服从执行应急指挥任务的水上医学救援机构或其指定的现场指挥（员）的调度和领导。

（五）防护措施

（1）参与水上医学救援行动的单位负责本单位医务人员的安全防护。

（2）如现场有化学品暴露危险，参与救治人员必须按规定采取必要的安全防护措施。进入现场的，应先登记；离开现场的，应进行医学检查；有人身伤害的，应立即采取救治措施。

（六）培训措施

（1）根据医护专业水平，进行岗位配置。

根据参与医学救援的医护人员自身的工作经验、技能专长，以及执行不同任务的能力，进行科学配置。

（2）医护人员合理分组，明确岗位职责及标准化流程。

制定各岗位职责说明、质量标准、工作流程，在实际演练中不断修正完善。根据人员专业技能及应急反应能力，遵循强弱互补的原则配备人力，抢救小组、前接小组需要重点配备。

（3）明确检伤分类组及救护组任务，制定应急预案及流程。

明确检伤分类组及应急救护组人员、职责、任务流程，合理部署检伤分类力量，制定应急预案，以应对突发事件。

（4）建立培训前的准备会制度，做好会前沟通。

培训前明确训练科目及要求，培训后进行总结讲评，重点查找训练中存在的问题，及时修正，并上报指挥组。各项管理措施实施前充分研究论证，训练中注重效果，注意收集意见和建议，训练后总结完善。

（5）熟悉演练科目相关知识与技能，及时组织培训。

培训前对训练科目进行准确、清晰的描述，并迅速组织培训；对医护人员进行检伤分类方法的规范培训；对战伤伤情特点及战伤救护知识进行补训。

第四节　水上医学救援的技术装备

一、国外水上医学救援的技术装备

(一) 远程医疗技术装备

美国海军研究认为，远程医疗技术的运用，可减少28%的医疗后送工作量。在海上舰船携行力量有限的情况下，远程医疗技术对海上医学救援具有显著的实用价值。美国海军目前已经建成了一个以航母作战群为主体、两艘医院船为骨干、岸基医学中心为依托、远程医学影像诊断为主线，连接陆军与空军的全方位、多角度、立体式远程医疗技术体系，包括在陆地建立的3个远程医学中心、23个站点。美国海军的发展目标是将远程医疗技术辐射到海上各类船舶，使其无所不在，以将先进的医疗技术提供给海上作业的各类人员，实现移动的是医疗技术信息，而不是伤患人员。美国海军在发展远程医疗技术装备时充分考虑了特定环境下的使用场景，海上远程医疗技术装备除具有一般远程医疗装备的技术特性外，还有小型化、易移动及系统化的特点。例如，野战医疗协调器除具有野战医疗便携计算机的功能外，还可将对伤员进行分类、评估、治疗的数据自动发送到创伤救治服务器，帮助医务人员安排伤员的后送顺序。美军远程医疗技术的发展方向主要包括电子健康档案、数字化士兵、恶劣环境医学保障及远征医疗救护平台。

(二) 急救技术装备

在生命信息监测方面，美军注重单兵信息的获得，早年开发的单兵生理状态监测器已在战场上得到了应用和验证，实现了体温、心电、脑电、呼吸频率等多组生理指标的一体化同步监测，使用简单，携带方便，而且能与战场伤患医疗信息系统和战术医疗协调系统对接，实现了伤病员的跟踪定位、信息传输和辅助决策，大大提高了急救工作的效率。目前，美军的研究重点已从早期简单的生理数据获取逐渐转向对个人生理数据信息挖掘分析和整体信息的融合分析，以规范信息流程，使各类信息化卫生装备能够协同工作。借助个体身上的各种传感器，医护人员可以发现作战区域的地方病及生物武器攻击信息。

在生命急救支持装备方面，急救装置向多功能、小型化和便携式方向发展，美军持续研发新型急救器材和救治技术。例如，配有全套生命支持系统的无人遥控装甲救护车，一次可转运2名担架伤员。通过遥控机器人可对伤员施行10种简单的技术救治。战伤救治舱便携式远程外科手术机器人系统是一种集成于野战医疗舱内的智能化外科设备，由单操作者通过远程信息系统控制，可在战场、灾害等极端环境下完成战伤急救手术任务（如止血、清创、脏器修复等）。美国海军计划在2030年大量使用无人驾驶的医疗自主运载工具进行战伤的救护和后送，先进的生命支持系统将使情况危急的伤员暂时维持生命的基本功能状态。

（三）医疗救护信息系统

1991年海湾战争以后，美军加大了对海上医疗救护信息系统的研究力度，将信息技术全方位应用于海上医疗救护的信息监测、采集、存储、传输、整理和分析，以提高战争条件下的海上医疗救护能力。美军战场医疗救护信息化经历了酝酿起步阶段、"烟囱式"快速发展阶段和综合集成阶段。

目前，美军的海上医疗救护信息系统借助美国国防部"全球信息网格"，实现了各数字化医疗单元之间、各医疗信息系统之间的无缝链接，不仅可确保所有战场医疗救护信息的顺畅流通，还整合了一体化医疗救护体系，最大限度地发挥各级医疗阶梯的救护效能。其旨在2030年前建成全域化、自适应战伤医疗信息系统，基于战术边缘计算与弹性网络架构，实现伤员从战场急救（T0）至后方康复（T3）的全周期信息融合（含生命体征、手术记录、影像数据），并通过模块化功能组件（如机动式AI伤情分级、智能后送规划）支持多任务形态下的快速部署，最终达成"信息流驱动伤员流"的联合卫勤保障目标。其还将射频识别技术应用于战场救护药材补充供应和战场医疗物资及伤病员的管理；将互联网技术运用于卫勤资源的可视化管理、集约化部署和精确化配送；推广使用远程医疗系统和远程心理咨询系统，让人人享用一流卫生资源，实现医疗救护从生物医学保障向社会医学保障的职能转变。

二、国内水上医学救援的技术装备

近年来，我国军队系统对海上医疗救援工作十分重视，例如，海军总医院在科技部的支持下，陆续开展了单兵生理监测装置、远程医疗以及神经电生理等一系列装备的研发工作。

其中，着眼于提高远海医学救治能力的多源数据挖掘分析与集成、新型医学材料开发应用、模块化医学救治装置综合集成、海上特殊环境装备保护等关键技术研究取得了突破，研制的适用于海洋舰艇环境的海上智能救治可视化系统和用于转运后送的智能生命支持系统提高了对伤病员的识别、跟踪和伤情评估水平，可支持和辅助一线医务人员的救护工作，提升三级阶梯救治平台之间转运后送的智能化水平与救治效果，从而降低海上伤病员的伤残率与伤死率。

水上医学救援基地建设应立足水上应急救援，配置必要的现代化信息装备，为提升水上搜救成功率提供保障。先进的信息化技术装备，包括省及市级应急综合指挥平台、VTS（船舶交通管理）监控系统、VHF（甚高频）通信系统、北斗卫星导航系统、LRIT（船舶远程识别与跟踪）系统、沿海（江）5G无线传输系统以及渔业安全信息系统等。

结合我国国情及国际水上突发事件的处理经验，水上医学救援基地应配置常规急救设备和特殊大型装备。

（1）常规急救设备：便携式院前急救医疗箱、多功能集成式急救医疗箱（院前院内通用型）、急救背囊、诊疗背囊、清创背囊、微型医用氧气瓶、便携式呼吸器、气动急救呼吸机、无创呼吸机、心肺复苏器、便携式心电图仪、全导联心电图机、移动式CT机、便携式B超机、手持或脚踏吸引器、电动吸引器、手提多参数监护仪、心电除颤起搏监护仪、ECMO、血液灌流机、骨折负压固定装置、手术器械箱、野外诊疗床、输液架、转运呼吸机、血管吻合器、胸科器械包、医用负压吸引器及配套手术器械组套、多功能伤员转运设备（含折叠式、铲式、车式担架）、专科急救单元系统（呼吸支持型/循环维持型/创伤处置型急救箱）。

（2）特殊大型装备：如遇大型救援，基地需配置特殊大型装备，配置清单见表6-1。

表 6-1　特殊大型装备配置清单

装备名称	要求	单位	数量
方舱式专业医疗救援船	1. 具有信息中心、诊间、治疗室、留观病房、负压隔离病房、手术室、检验室、影像学检查室、实验室（含水质监测及毒物检测）、药械（药品、器械、耗材）储备仓库、消毒供应室、集中供氧设备、医疗废物处置室及净水处理、电力供应、基本生活设施等，并且有安装可拆卸、移动式专业医学方舱预留位。 2. 具备现场急诊分诊、问诊治疗、急诊检测、急诊检查、急诊手术、负压重症监护、药械供应等基本医疗功能，以及收治传染性疾病患者的隔离救治能力。 3. 搭载 4G/5G 信息通信平台，具有现场应急指挥能力；具备水上医学救援指挥中心远程会诊及救援指导条件。 4. 具有长时间、高强度水上应急救援的后勤保障能力	艘	1
移动式专业医疗方舱	具有可进行专业手术、医学检验、影像学检查和重症监护功能的可拆卸式船载医疗方舱。 1. 手术方舱：具备无菌操作空间、一体化手术工作站、麻醉机、磁吸式手术器械等一系列手术相关配置。 2. 医学检验方舱：具备进行专业医学检验的相关设备，必要时需增配病原学检验的相关设备。 3. 影像学检查方舱：具备 CT 等影像学检查设备，可进行增强 CT 及血管造影检查。 4. 重症监护方舱：具备高级生命支持相关设备的负压重症监护病房，设立 1~2 张重症监护床位	个	4
急救医疗艇	配有 2 张担架床，具有除颤仪、多功能心电监护仪、心电图机、呼吸机、氧气瓶、气管插管箱、紧急气管切开设备、吸引器等急救设备，必要时配备消杀设备	艘	4
救援直升机	配有 2 张担架床，能承担危重患者的紧急转运	架	2
陆地指挥车	安装北斗卫星定位系统、GPS、4G/5G 信息通信平台、音视频传输系统，具有临海（水）现场指挥能力	辆	1
无人机	具有海上空中侦察能力，可对拍摄的图像和视频进行实时分析，并测量船只航速，协助指挥中心对险情开展多维度的立体化综合研判	架	6
应急发电车	功率大于 50 kW、含照明	辆	1
后勤保障车	储存药械、基本生活保障用品等	辆	1
卫星电话	所有船、艇、直升机、指挥中心（车）需配备卫星电话	部	若干
4G/5G 信息通信平台	保障前线及指挥中心等通信连接	套	1

（朱保锋　陈建荣）

第七章

水上医学救治常见病症

第一节 淹 溺

淹溺俗称溺水，指人淹没于水或其他液体介质中并受到伤害，是重要的理化损伤综合征之一。淹溺环境不仅有"水"的作用，还有溶质的影响。淹溺导致缺氧、窒息，甚至呼吸、心跳停止，24 小时内死亡者称为溺死（drowning）；淹溺后暂时窒息，尚有大动脉搏动，经救治至少存活 24 小时或紧急心肺复苏后存活者称为近乎溺死（near drowning）。淹溺在我国人群意外伤害的死因中居第三位，在 14 岁以下年龄组居第一位。淹溺多发生于不会游泳或不慎落水及投水自杀者，近90%的淹溺发生在淡水环境（如江、河、湖泊、池塘、游泳池、水库等）中，其中一半发生于游泳池，故淹溺多数为淡水淹溺。

一、淡水淹溺

（一）病理生理机制
淹溺的病理生理机制复杂，下面以水介质为例进行介绍。

1. 神经反射

人入水后，惊慌、恐惧、骤然寒冷等强烈刺激导致咳嗽和吞咽反射，喉部痉挛、声门紧闭造成窒息；喉头痉挛时，通过迷走神经反射致心脏停搏或恶性心律失常。

2. 急性呼吸衰竭

人淹没于水中，本能屏气导致缺氧，然后反应性深呼吸，大量水进入呼吸道及肺泡，导致通气障碍、换气障碍、通气血流比例失调，这些因素综合作用导致呼吸窘迫与难治性低氧血症。

3. 渗透压改变和酸碱失衡

江河、湖泊、池塘的水多为低渗溶液。淡水经呼吸道或消化道进入人体血液循环，引起血容量增高、低钠血症、血管内溶血、血钾增高、游离血红蛋白增多等改变，引起肺水肿、肺泡活性物质减少、低氧血症、心律失常、急性肾衰竭等。泥浆及污水也会导致代谢性酸中毒及血浆渗透压改变。

4. 胃大量积水

淹溺初期可无明显体液和水、电解质紊乱，但后期液体大量入血，出现并发症。

5. 毛细血管渗漏综合征

因缺氧、混合性酸中毒，呼吸道及肺泡中的水损伤肺部毛细血管，导致血管通透性增加，血浆成分向间质外渗，造成肺水肿，全身组织水肿，进而引起多器官功能障碍。

6. 低体温

人体浸泡在水中，体温丢失较快，当中心温度降至 30~34 ℃时，淹溺者开始神志不清，窒息程度加剧且可发生心律失常、低血压；当中心温度降至<32 ℃时，可出现严重心律失常，甚至心跳停止。

7. 过敏、中毒、感染

污水环境中可能存在有毒气体、易致过敏的化学及生物物质、多种病原微生物，这些都可能对机体造成严重损害。

8. 癫痫、头颈外伤

淹溺者可因基础疾病发作及头颈外伤后溺水，也可能因溺水出现头颈外伤或诱使癫痫发作，应注意检查与辨别。

(二) 诊断

1. 病史

淹溺者自述或由目击者供述。

2. 临床表现

(1) 轻度淹溺：溺水时间短，吸入或吞入液体少，短暂反射性呼吸暂停，神志清楚，心率、血压、面色轻微变化。

(2) 中度淹溺：淹没 1~2 min，机体吸入或吞入大量水分，患者剧烈咳嗽，部分呕吐物误吸致窒息和缺氧，表现为意识模糊或烦躁，呼吸不规则，心率减慢，血压下降。多数淹溺者可能发生肺水肿。

（3）重度淹溺：淹没 3~4 min，被救后处于昏睡或昏迷状态，面色青紫、肿胀、四肢厥冷、抽搐，口鼻及气道充满血性泡沫，呼吸、心跳微弱或停止。可合并头部、脊椎等外伤表现。

（三）辅助检查

血气分析提示低氧血症、高碳酸血症、代谢性或混合性酸中毒；心电图可有心律失常改变、心肌缺血表现；影像学检查提示肺不张或肺水肿。头颅或颈椎等部位 CT 检查有助于检出合并的外伤。

（四）救治要点

1. 水中急救

如果淹溺者窒息或呼吸、心搏骤停，实施水中复苏，可增加存活概率。一般认为水中复苏指开放气道与呼吸支持，但不建议胸外按压。主要呼吸支持方式有口对口（鼻）人工呼吸和使用设备辅助通气。推荐潮气量 500~600 mL。实施水中复苏需要考虑以下因素。

（1）施救环境因素（如水深、水面情况）。

（2）救生员相关因素（如身体素质、经验、信心等），一般认为救生员应尽早接触到淹溺者或者在 3.5 min 之内实施水中复苏，救生员携带淹溺者返回岸边的时间最好在 6.5 min 之内。若携带淹溺者返回岸边或救生船的时间大于5 min，则不建议实施水中复苏。

（3）淹溺者个人因素（淹溺者年龄、体重、淹溺时长，淹溺者到岸边的距离，头颈合并伤等）。

2. 地面现场急救

（1）上岸后立即对淹溺者进行评估，如呼吸、心跳停止，立即着手心肺复苏。地面现场急救的重点是重建和保持呼吸道通畅。若淹溺者出现尸斑、尸僵等明显死亡迹象，则应放弃抢救。

（2）心肺复苏：淹溺心肺复苏的顺序与标准心肺复苏不同，淹溺心肺复苏遵循"A—B—C"程序。条件允许时应该建立高级气道，以每 6~8 s 为间隔进行通气。淹溺者多因缺氧而经历窦性心动过速、心动过缓、无脉性心电活动、心脏停搏的过程，仅有约10%的淹溺者发生心室颤动。在可能的情况下，应尽早使用自动体外除颤器（AED），但应用 AED 不应影响心肺复苏的实施，更不能延迟通气和胸外按压。

淹溺超过 30 min，淹溺者预后差。水温>6 ℃、溺水时间>30 min，或者水温<6 ℃、溺水时间>90 min，须抢救 25 min。持续心肺复苏仍不能恢复者，可以终止心肺复苏。

（3）控水措施：如果在清除口鼻中的杂草、污泥后，淹溺者有自主呼吸，可以将淹溺者腹部置于施救者屈膝的大腿上，头部朝下，按压淹溺者背部，迫使淹溺者排出呼吸道、胃内的水。也可抱起淹溺者腰腹部使其面朝下，或将淹溺者面朝下扛在肩上控水。上述控水措施实施时间应当少于 1 min，不可因控水影响人工呼吸与胸外按压。

① 膝顶法：将淹溺者腹部置于施救者屈膝的大腿上，头部向下，按压背部迫使淹溺者排出呼吸道和胃内的水。（图 7-1a）

② 抱腹法：由施救者抱起淹溺者腰腹部，使淹溺者背部朝上、头部下垂进行控水。（图 7-1b）

③ 肩顶法：由施救者用肩顶住淹溺者腰腹部，扛起淹溺者，使淹溺者背部朝上、头部下垂进行控水。（图 7-1c）

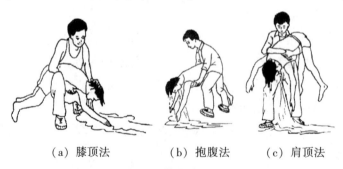

（a）膝顶法　　　（b）抱腹法　　　（c）肩顶法

图 7-1　控水的方法

（4）海姆立克急救法：可能有潜在损伤风险，尚没有证据支持在开放气道之前使用海姆立克急救法可获益，不建议对淹溺者首先采用海姆立克急救法。

（5）保温措施：注意保暖，纠正淹溺者中、重度低温，但淹溺者适度低体温对因缺氧而发生损伤的脑部有一定保护作用。低体温复温速度不宜过快。

（6）脊柱损伤救护措施：淹溺者存在脊柱损伤可能，但脊椎损伤并不常见。常规脊柱固定的有效性、安全性并不确定，需要按照存在脊柱损伤进行救护，但脊柱制动不应该优先于气道管理。

（7）决定是否转诊：淹溺者如果幸存，应根据评估情况决定是否转上一级医疗机构：① 除了轻微咳嗽，没有其他任何症状和体征的淹溺者不转诊；② 有轻微症状者，症状开始消失，观察 4~6 h 后无新症状，可继续治疗，不考虑转诊；③ 存在严重咳嗽、泡沫样痰、低血压或精神异常者，如果转诊风险不高，应该转诊到上一级医疗机构；④ 如果转诊困难或转诊会延误抢救，应在 4~6 h 内严密观察，如果有任何失代偿证据，评估风险后转诊。

*3. 急诊室及院内治疗①

医院内急诊抢救的处理重点：迅速复苏，防治呼吸衰竭，纠正内环境紊乱，治疗多器官功能障碍，及早诊断淹溺相关外伤并给予初步处置。

（1）继续心肺复苏：加强生命体征监测，保持呼吸道通畅，高浓度给氧，心跳停止、呼吸衰竭者尽早插管、充分吸痰，给予机械通气。血压不稳定者，给予血管活性药物。

（2）纠正内环境紊乱：应当监测淹溺者容量状态，淡水淹溺常伴有高容量状态，应当限制补液量，适当利尿；低渗状态者适当补充 2%~3% 氯化钠溶液。存在代谢性酸中毒时，给予 5% 碳酸氢钠输注，及时纠正低血钾、高血钾。

（3）亚低温及复温治疗：淹溺常伴有低体温，抢救治疗应注意及时复温，但实践表明适度的低温对因缺氧而发生损伤的脑部有保护作用，故着重纠正中、重度低温。对心搏骤停可以采取亚体温治疗，控制体温稳定在 32~34 ℃，维持 12~24 h。

（4）糖皮质激素治疗：糖皮质激素对减轻肺水肿、全身组织间质水肿可能有益，但没有足够的证据支持经验性使用糖皮质激素，不推荐常规使用。

（5）防治脑水肿、保护脑组织：呼吸、心跳停止或有意识障碍者，可给予 20% 甘露醇、白蛋白减轻脑水肿；给予三磷酸腺苷、纳洛酮等进行护脑治疗。

---

① 带 * 内容为医院内的医疗诊治措施，是院外急救与院内急救对接时应当了解的，这部分内容本书均加 * 标记。

（6）镇静、控制抽搐：适当给予镇静镇痛治疗，有抽搐者进行抗癫痫治疗，减少全身氧耗量。

（7）心脏、肾脏等脏器功能支持：肺水肿、心肌损伤、心脏过负荷者给予利尿、强心、营养心肌治疗；严重肾功能、心功能不全及内环境紊乱者在必要时给予血液净化治疗。淡水淹溺导致溶血一般无须特殊处理，严重者可行血浆置换。

（8）抗感染治疗：没有证据支持经验性使用抗生素。初始复苏后如临床上发热、痰多、肺部有啰音或明确感染，可以给予抗感染治疗。若淡水淹溺污染严重，给予广谱抗生素治疗预防感染。

（9）注意相关性颈椎外伤、颅脑外伤、闭合性胸腔和腹腔脏器损伤。

经4~6 h临床治疗，对神志清楚、呼吸功能正常，病情平稳的轻症淹溺者可安排出院。对神志不清、血压不稳、呼吸衰竭、肾功能不全等重症淹溺者或病情持续恶化者收住重症病房治疗。

二、海水淹溺

与淡水淹溺相比，海水淹溺导致的急性肺损伤往往更为严重，病情进展更为迅速。应充分认识海水淹溺的病理生理机制，掌握病症特征及其救治要点以改善患者的预后。

（一）病理生理机制

（1）海水呈高渗透压状态，约含3.5%的氯化钠及大量钙盐和镁盐。吸入海水对呼吸道和肺泡有化学刺激作用，造成肺泡上皮和毛细血管内皮损伤，大量蛋白质及血浆成分向肺间质及肺泡腔渗出，形成非心源性肺水肿。

（2）吸入或吞入大量海水，因高渗透压作用，淹溺者血管内呈低血容量状态。

（3）吸入钙盐和镁盐可导致高钙血症、高镁血症。高钙血症可导致心跳缓慢、心律失常、传导阻滞甚至心跳停止。高镁血症抑制中枢及周围神经，扩张血管及舒张横纹肌，使淹溺者血压下降。

（4）淡水淹溺或海水淹溺时，虽然胃积水及反流误吸总量不多，但等量淡水与等量海水对气道及肺泡的刺激损伤程度不同。海水淹溺损伤发生迅速且严重。

（5）与淡水淹溺不同，海水淹溺时血管内一般不呈高容量状态，但毛细血管渗漏更为明显，肺泡及组织间质水肿更为明显，重要器官功能容易受损。

（6）海水淹溺通常远离岸线，淹溺者等待救援时间长，更容易发生低体温症。

（7）海水中成分更为复杂，致污染、过敏、中毒的概率更大。

（8）海水淹溺多因作业事故导致，淹溺者经历的水压变化大，发生减压病及合并伤的概率更大。

（二）临床特征

与淡水淹溺相比，海水淹溺者的缺氧、呼吸窘迫症状发生更早，程度更为严重；获救后低体温、意识障碍更为严重；更容易出现心律失常，血压不稳；多器官功能障碍发生率更大；应当尽早注意各种合并伤。

（三）救治要点

海水淹溺导致肺间质水肿、肺损伤发生迅速且严重，临床救治的关键是及时纠正缺氧和酸中毒。

（1）清除口腔及气道异物，尽早给氧。经鼻高流量给氧，高流量气体可使淹溺者气道中形成呼气末正压，且吸入的氧较为稳定，气道湿化加热有利于清除分泌物。与常规吸氧相比，经鼻高流量给氧有一定优势。

（2）如呼吸功能恶化，建议尽早给予气管插管，充分吸痰，尽早给予机械通气。

（3）呼吸机采取保护性通气策略和肺复张策略。如合理设置呼气末正压（PEEP），采取小潮气量和允许性高碳酸血症的通气策略；采取压力控制或压力支持通气、俯卧位通气、控制性肺膨胀等。

（4）高压氧治疗能迅速提高动脉血氧分压，能耐受间断脱离呼吸机者可尽早开始高压氧治疗；或者高压氧治疗后可继续使用呼吸机，两者配合治疗。

（5）糖皮质激素有助于缓解小气道痉挛，减少肺泡毛细血管渗漏，减轻肺水肿，对抑制炎性反应有一定作用。海水淹溺者呼吸衰竭可考虑应用。

（6）山莨菪碱能稳定细胞膜及溶酶体膜，抑制炎性反应，降低血管通透性，抑制支气管腺体分泌，缓解气道痉挛。盐酸氨溴索可以促进肺泡表面活性物质的生成，可短时间改善急性呼吸窘迫综合征（ARDS）。

（7）纳洛酮可拮抗阿片受体，解除呼吸抑制，对抗内啡肽抑制前列腺素和儿茶酚胺的作用，可用于意识障碍及呼吸抑制者。

（8）纤维支气管镜吸痰可减少气道分泌物，有利于控制肺部感染和促进肺泡复张。

（9）海水微生物嗜盐细菌、弧菌可导致呼吸道、伤口甚至全身感染，可早期清创、使用广谱和抗弧菌的抗生素。

（10）注意预防减压病、合并伤、感染。

（11）强调加强保暖，及时纠正低体温状态。

（唐志和　李　峰）

第二节　烧　伤

烧伤一般系指热力，包括热液（水、汤、油等）、蒸汽、高温气体、火焰、灼热金属液体或固体（如钢水、钢锭）等所引起的组织损伤，主要伤及皮肤和（或）黏膜，严重者伤及皮下和（或）黏膜下组织，如肌肉、骨、关节甚至内脏。除热力外，电能、化学物质、放射线等也可引起烧伤。水上舰船的环境特殊，一般为全封闭式，舱室多且狭小，人员密集，通风条件差，管路复杂，非金属材料、油料、弹药等易燃易爆材料多，各种燃烧物可产生大量烟雾及多种有毒气体，不仅导致吸入性损伤的发生概率大为增加，而且会在瞬间造成人员的批量烧伤。

一、烧伤伤情判断

（一）烧伤面积估算

1. 中国新九分法估算

中国新九分法将人体体表面积划分为 11 个 9%，另加 1%，构成 100%（表 7-1）。该方法适用于大面积烧伤的评估。

表 7-1　中国新九分法烧伤面积估算表

部位		占成人体表面积的比例/%	占儿童体表面积的比例/%
头颈	发部	3	
	面部	3	9×1（9）
	颈部	3	9+(12-年龄)

部位		占成人体表面积的比例/%		占儿童体表面积的比例/%
双上肢	双上臂	7	9×2（18）	9×2
	双前臂	6		
	双手	5		
躯干	躯干前	13	9×3（27）	9×3
	躯干后	13		
	会阴	1		
双下肢	双臀	5	9×5+1（46）	9×5+1-（12-年龄）
	双大腿	21		
	双小腿	13		
	双足	7		

2. 手掌法估算

伤员本人五指并拢的手掌面积为体表总面积的1%，适用于小面积烧伤的评估（图7-2）。

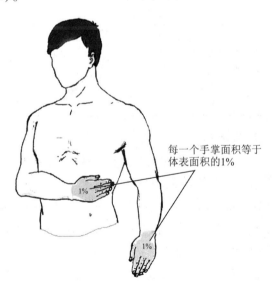

图 7-2　手掌法估算

（二）烧伤深度评估

烧伤深度评估见表 7-2。

表 7-2　烧伤深度评估表

深度		组织深度	外观特点及临床特征	感觉	拔毛试验	体温	转归
Ⅰ度		伤及角质层，透明层、颗粒层、棘状层等，生发层健在	局部似红斑，轻度红、肿、热、痛，无水疱，干燥，无感染	微过敏，烧灼感	痛	体温微增	2~3天内症状消退，3~5天痊愈，脱屑，无瘢痕
Ⅱ度	浅Ⅱ度	可伤及生发层，甚至真皮乳头层	水疱较大，去表皮后创面湿润，创底鲜红，水肿	有剧痛感，过敏	痛	体温增高	如无感染，1~2周痊愈，不留瘢痕
	深Ⅱ度	伤及真皮网状层	表皮下积薄液，或水疱较小，去表皮后创面微湿，发白，有时可见许多红色小点或细小血管支，水肿明显	疼痛，感觉迟钝	微痛	局部体温略低	一般3~4周后痊愈，留瘢痕
Ⅲ度		伤及全皮层，甚至皮下脂肪、肌肉、骨骼	创面苍白或焦黄碳化、干燥、呈皮革样，多部位可见粗大栓塞静脉支	疼痛消失，感觉迟钝	不痛且易拔除	局部发凉	3~4周后焦痂脱落，需植皮，遗留瘢痕或畸形

（三）烧伤程度及分级

烧伤程度及分级应根据烧伤深度与面积判断：

（1）轻度烧伤：Ⅱ度烧伤面积≤10%。

（2）中度烧伤：Ⅱ度烧伤面积达11%~30%或Ⅲ度烧伤面积≤10%。

（3）重度烧伤：总烧伤面积达31%~50%或Ⅲ度烧伤面积达11%~20%或Ⅱ度、Ⅲ度烧伤合并休克、吸入性损伤。

（4）特重烧伤：总烧伤面积>50%或Ⅲ度烧伤面积>20%或已有严重并发症。

一般来说，成人烧伤面积在10%以下、小儿烧伤面积在5%以下的轻度烧伤不会明显影响血容量，可清创后随访换药或至烧伤专科医院就诊；烧伤面积大于上述百分比的患者则有休克的可能，宜至烧伤专科医院诊疗。

二、烧伤急救

烧伤急救的原则是使患者迅速解除致伤因素，脱离现场，进行及时的治疗，就近急救或做好转运前的急救和准备工作。

入院前处理烧伤创面主要是为了防止创面沾污和进一步的损害，可进行简单的清创包扎，去除创面上的污染物、破溃污秽的表皮，然后用消毒纱布包裹。一些较为清洁的小面积烧伤创面可用凡士林纱布外敷，再用无菌棉纱布包扎。在不能确定烧伤深度或转送烧伤专科医院前，慎用有色的外用药，如碘伏、苯扎溴铵酊等，以免影响医疗人员对创面深度的判断。

(一) 脱离热源

温度的高低和接触时间的长短是决定热力对细胞损伤程度的 2 个主要因素。当皮肤暴露于 40 ℃以上的温度并持续足够长的时间时，蛋白质功能就会发生改变，导致细胞功能受损；温度达到或超过 44 ℃且皮肤暴露时间更长时，将导致细胞发生致死性损伤。及时脱离热源对避免热力继续作用、减少对细胞的进一步损伤，从而减轻烧伤的严重程度有重要意义。

火焰烧伤时，应迅速脱去着火的衣服；一时难以去除时，应立即卧倒在地，慢慢打滚灭火，或充分利用附近的水源将火浇灭。用手扑打火焰可使手部深度烧伤，而且有时反而会使火焰烧得更旺。在周围环境及身上起火时，应避免惊恐式奔跑呼救，特别是在密闭的室内，以免造成吸入性损伤。抢救者应该用大量清水灭火，或用毯子、大衣、棉被等物覆盖着火处融离氧源灭火，最好用阻燃材料压盖灭火。

被热液、开水烫伤时，应立即脱去浸湿的衣服，若来不及脱衣服，可用冷水冲洗湿热的衣服降温；否则衣服上的热量将继续作用于创面使损伤程度加深。创面上盖有湿的衣服也不利于热量的散发。

(二) 冷疗

冷疗是指用冷水对创面进行淋洗、冷敷、浸泡，或用包裹冰块的毛巾等冷敷，适用于中、小面积烧伤。冷疗法能使创面迅速降温，减少热力对组织造成的持续性损伤，避免创面渗出和水肿，同时还能减轻疼痛。其方法简单易行，不受季节限制，即使在冬天也应在脱离热源后立即进行。冷疗开始的时间越早越好，适宜的温度尚无定论，在患者可以耐受的前提下尽可能低。最常用且便于获取的是 5~15 ℃ 的自来水。冷疗时间最好持续 20~30 min，有时需 1 h 以上，直至创面无痛感或疼痛显著减轻为止。冷疗可使局部血管收缩，周围阻力增加，组织缺氧，因而不适用于大面积烧伤。

（三）烧伤创面的处理

烧伤创面无需特殊处理，可用清洁的被单或毛巾外裹创面，然后到烧伤专科医院就诊。忌涂抹有颜色的药物，如汞溴红、甲紫等，以免影响医疗人员对创面深度的判断；慎用油膏，以免清创困难，且不利于热量的散发。

（四）烧伤转运

除小面积的浅度烧伤外，一般烧伤患者需转运至烧伤专科医院。水上舰船起火，成批人员烧伤常见，且多为大面积烧伤，所以赢得时间就是赢得生命。如果事故发生在近海区域（距离海岸<100 km），浪高低于 1 m，风力小于 4 级，可采用小艇换乘法，即先用冲锋艇将伤员运到码头，再用救护车送到医院；如果发生在远海区域（距离海岸>100 km），则以直升机空运最省时。

三、烧伤早期处理

在烧伤患者抵达专科医院后，即刻开展烧伤专科的急诊治疗工作。首先处理严重威胁患者生命的问题，然后根据轻重缓急进行紧张而有序的抢救。对于一般的烧伤患者，应先初步判断烧伤严重程度，了解病史、既往史及前期治疗的情况，同时进行创面处理；对于中、重度烧伤患者，则在了解有关受伤情况的同时积极进行输液复苏治疗及危及生命的合并伤处理，创面处理可待全身情况稳定后再进行。早期治疗的重点如下：

（一）保持呼吸道通畅

舰船舱室构成了一个封闭环境，绝大多数伤员有吸入性损伤。而吸入性损伤又是烧伤的三大死亡原因之一。呼吸道梗阻、缺氧是吸入性损伤患者早期死亡的主要原因。因此，对于中、重度吸入性损伤者，一入院就应实施气管切开，有条件者，急救现场即给予气管插管，以保持呼吸道通畅。患者在密闭的环境中烧伤，有大声呼救史，面、颈部及口、鼻腔黏膜烧伤，鼻毛烧焦，口腔、咽部有烟灰，声音嘶哑、咽部疼痛、吞咽困难，有刺激性咳嗽，痰中有烟灰，胸闷、呼吸困难均是吸入性损伤的诊断依据。此类烧伤患者首先应保持呼吸道通畅，及早行气管插管或气管切开。

（二）检查合并伤并处理

在烧伤的初期处理过程中，应注意检查有无合并伤。水上爆炸引起的烧伤往往合并爆震伤，故应检查有无颅脑损伤，胸腹部损伤，内脏破裂、穿孔、出血，四肢或脊椎骨折等。当患者的全身反应与烧伤严重程度不相符，常规抗休克、复苏治疗无明显效果，难以用单纯的烧伤原因解释时，需考虑有合并伤存在。如合并有严重外伤、肝脾破裂、大出血、张力性气胸、硬脑膜外血肿等，都需要及时进行手术抢救。如创面沾有可吸收的毒物，应尽早将沾有毒物的烧伤组织切除；如发生全身性中毒，需立即开展针对中毒的同步治疗工作。进行烧伤治疗和合并伤治疗时，应抓住主要矛盾，首先处理危及生命的损伤，甚至烧伤创面可暂不清创，待合并伤处理完毕，生命体征平稳后再处理烧伤创面，切勿因处理烧伤而延误对致命外伤或中毒的救治。

（三）建立静脉通道

成人烧伤面积超过 10%、小儿烧伤面积超过 5%，尤其是烧伤发生在头、面部者，均有可能导致循环血容量减少，应建立静脉通道进行输液复苏。若患者已出现休克、烦躁不安、静脉充盈不佳等情况，或小儿静脉穿刺及固定困难，或大面积烧伤需要快速补液，均需行深静脉穿刺或切开插管。静脉穿刺及切开部位要尽量避免经过创面。经颈外静脉、头静脉及高位大隐静脉做中央静脉插管者，并发栓塞及感染的概率大，需注意静脉插管的护理。

（四）应用镇痛、镇静药物

大面积烧伤后外周循环障碍，肌内注射镇痛、镇静药物效果欠佳。一般在建立静脉通道后通过静脉注射给药。需注意区别疼痛及血容量不足或呼吸道梗阻引起的烦躁，不能盲目使用镇痛、镇静药物。若应用镇痛、镇静药物后患者仍烦躁，必须补足血容量，保持呼吸道通畅。

（五）估计烧伤面积、深度，留置导尿管

初步估计烧伤面积和深度，并据此制订出休克期第一个 24 h 的补液计划。大面积烧伤患者一入院即需在短时间内补足受伤至入院那段时间内应补给的液体量。若患者入院时已有休克症状，所需补液量常大大超过补液公式的估算值。

　　成人烧伤面积超过 30%、小儿烧伤面积超过 10%，均需留置导尿管，观察尿量变化；重度烧伤时需监测每小时的尿量。导尿管中流出酱油色的血红蛋白尿及肌红蛋白尿时，需予以适当利尿和碱化尿液，这时可建立 2 条静脉通道同时补液，一条补充容量，另一条输入甘露醇及碳酸氢钠溶液，以避免肾小管被血红蛋白沉淀堵塞。

四、烧伤休克

　　烧伤休克是严重烧伤常见的并发症，可危及生命。烧伤休克主要由毛细血管通透性增加导致体液丢失所致，早期发生的心肌损伤导致循环动力减弱也是烧伤休克发生与发展的重要因素。

　　（一）临床表现

　　（1）心率增快、脉搏细弱。

　　（2）早期脉压变小，随后血压下降。

　　（3）呼吸浅、快。

　　（4）尿量减少，成人尿量少于 20 mL/h 提示血容量不足。

　　（5）口渴难忍。

　　（6）烦躁不安，是脑组织缺血、缺氧的一种表现。

　　（7）周边静脉充盈不良、肢端凉，患者诉畏冷。

　　（8）血液检查常见血液浓缩、低钠血症、酸中毒。

　　（二）休克的防治

　　烧伤休克一般发展较缓慢，且体液丧失量多，根据烧伤严重程度进行预测，及时给予适当处理，可预防其发生或减轻症状。液体疗法是治疗烧伤休克的主要措施。

　　根据烧伤面积和体重制订补液计划：伤后第一个 24 h 补液量为成人每 1%（Ⅱ度、Ⅲ度）烧伤面积每千克体重补充胶体 0.5 mL 和晶体 1 mL，若为广泛深度烧伤与小儿烧伤，该比例可改为 1∶1，另补充生理需要量 2000 mL；伤后第一个 8 h 补充一半，后 16 h 补充另一半；伤后第二个 24 h 补液量为第一个 24 h 的一半，生理需要量仍为 2000 mL。此外，广泛深度烧伤者，常伴有严重酸中毒和血红蛋白尿，为纠正酸中毒和避免血红蛋白尿降解产物堵塞肾小管，予输入碳酸氢钠溶液。烧伤后早期出现的心肌损害和功能降低也参与烧伤休克的发生与发展，还应给予心肌保护或心力扶持药物。

（三）休克的监测

鉴于患者伤情和个体差异性，抗休克治疗时应严密观察，根据患者对治疗的反应，随时调整输液速度和成分。简便的观察指标如下：

（1）每小时尿量每千克体重不少于 1 mL。

（2）安静，无烦躁不安。

（3）无明显口渴。

（4）脉搏有力，脉率低于 120 次/min。

（5）收缩压维持在 90 mmHg 以上、脉压维持在 20 mmHg 以上。

（6）呼吸平稳。

（龚振华　季建峰）

第三节　低体温症

低体温症又称低体温综合征，是指体温在 35 ℃以下造成生理功能紊乱而引发的一系列症状。暴露于寒冷环境是引起重度低体温症的主要原因，但很多其他因素亦可引起低体温症。随着中心体温的下降，人体代谢活性和组织需氧量均下降。

一、病因

（1）环境暴露：处于低温环境。

（2）输液：输入大量液体和血液。

（3）产热减少：营养不良，低血糖症，垂体功能低下，甲状腺功能减退，肾上腺功能低下，应用抗胆碱能药物、β受体阻滞剂。

（4）热损失增加：红皮病、酒精中毒。

（5）中枢调控失常：中枢神经系统损伤、脑血管意外、尿毒症，应用苯二氮䓬类、吩噻嗪类、巴比妥类、阿片类药物及抗抑郁药。

（6）周围神经功能调节失常：脊髓损伤，应用 α 受体阻滞剂、吩噻嗪类药物。

（7）其他：脓毒症、恶性肿瘤。

二、分类

根据中心体温下降的程度，低体温综合征分为轻、中、重 3 种类型。

（1）轻度低体温综合征：体温 32.2~35 ℃。

（2）中度低体温综合征：体温 26.7~32.2 ℃。

（3）重度低体温综合征：体温<26.7 ℃。

三、临床表现

（1）轻度低体温综合征：患者表现为寒战，感觉不适，一般会有不同程度的记忆缺失、共济失调和构音困难。患者精神状态正常，生命体征平稳。

（2）中度低体温综合征：随着中心体温的下降，患者代谢水平降低，生命体征和脏器功能发生改变。脉搏和血压随着心率和心排血量的降低而下降，中心体温降至 30 ℃时出现房颤，中心体温降至 28.3 ℃时出现室颤。每分通气量下降，呼吸道保护反射减弱，支气管黏液分泌增加引起黏液积聚。中心体温降至 27.2 ℃时停止寒战，精神状态开始异常，出现不同程度的意识混乱和反应迟钝。

（3）重度低体温综合征：患者有生命危险，几乎处于昏迷状态。呼吸道保护反射及呼吸功能大大减弱。心血管系统表现为严重的心动过缓和低血压，难以纠正的室颤最终发展为心搏骤停。

四、辅助检查

低体温综合征患者没有特异性或诊断性的实验室表现。

（1）胰岛素分泌受损，表现为高血糖。

（2）肾脏对抗利尿激素的反应下降，钠和水的重吸收能力受损致肾功能衰竭。

（3）酸碱失衡过程复杂，表现为开始时呼吸性碱中毒，乳酸产生增加致代谢性酸中毒，二氧化碳分压降低致呼吸性碱中毒。

（4）重度低体温综合征患者动脉血气分析具有不可靠性。

① 氧分压和二氧化碳分压随着患者中心体温下降而下降，重度低体温综合征患者动脉血气分析报告可能误诊断为明显的呼吸性碱中毒。

② 未以正常体温校准的低体温综合征患者的血气分析报告可能误导诊断。

③ 动脉血气分析报告可能误诊断为严重的酸碱失衡。

（5）低体温综合征患者心电图表现是进行性的。

① 随着中心体温的降低，从心动过速转变为心动过缓。

② 中心体温降至 30 ℃时，出现房颤或房扑，中心体温降至 28.3 ℃时出现室颤，中心体温降至 17.8 ℃时发生心搏骤停。

③ 中心体温降至 30 ℃时，心电图出现具有特异性的 ST 段终末部分抬高和 QRS 波群增宽，称为 Qsborn 波（J 波），这是低体温综合征患者的特征性波形。

五、治疗

低体温综合征患者的治疗需制定个体化方案。患者的预后不仅与低体温综合征的严重程度相关，更与基础疾病有关。单纯低体温综合征患者的死亡率不高于 10%，合并有多种严重基础疾病的低体温综合征患者的死亡率可高达 90%。

（1）重度低体温综合征患者复苏的首要目标是稳定气道、呼吸和循环。

（2）气管插管时可能会触发室颤，操作时应小心谨慎。

（3）必要时行中心静脉置管，应将导管放置到不会触及心肌的位置，避免触发室颤。

（4）重度低体温综合征患者开始即应吸入 100%纯氧，根据患者情况使用低分子右旋糖酐、纳洛酮、维生素 B_1。

（5）复温治疗。

对低体温综合征患者应采用积极的复温方法，但应根据患者的中心体温和临床情况采用联合治疗方法进行复温。

① 体外复温方法（传统）包括使用加热毯、热水袋或将患者全身浸在温暖的水中，但这些方法会导致周围循环血管扩张，低温的血液和乳酸回流到中心循环会使中心体温进一步下降，应慎用。

② 被动复温适用于轻度低体温综合征患者，干燥、保温和进行温暖的静脉输液（42.8~43.6 ℃）是安全有效的方法。

③ 使用加温并湿化的氧疗（43.9 ℃）是标准的复温方法。

④ 进行温暖的腹膜透析（43.9 ℃ 的 K^+ 透析液）是有效的复温方法。

⑤ 进行温暖的胸腔灌洗（43.9 ℃ 灌洗液）是经常使用的复温方法。

⑥ 进行心肺转流术或持续动静脉加温是最积极的复温方法（只应用于最危险的患者）。

六、急救要点

（1）始终稳定患者的生命体征。

（2）低体温综合征患者气管插管的标准与一般重症患者相同，操作时应减少对患者的刺激，避免诱发室颤。

（3）寻找引起低体温的原因。

（4）寒冷有利尿作用，应预估患者需要补充的液体量。

（5）保持患者全身干燥，此时温暖的静脉输液安全有效。

（6）房颤和心动过缓时最好采取复温治疗，心脏节律恢复正常是治疗有效的表现。

（7）当心动过缓的程度与低体温程度相符时，应避免在心脏有节律搏动时进行胸外心脏按压。

（8）血气分析的结果最好以正常体温校准后进行解读并用于指导治疗。

（9）不要忽视隐藏的外伤。

（10）临床脑死亡的标准不适用于低体温综合征患者，患者复温之后的脑死亡才可判定为死亡。

（11）监测所有器官功能并积极治疗可改善患者的预后。

（许俊华　李　峰）

第四节　休　克

一、休克概述

（一）定义

休克是机体由各种严重的致病因素导致的以神经—体液因素失调与有效循环血容量骤减，急性微循环障碍，进而重要器官广泛细胞受损为特征的综合征。其典型的临床表现是意识改变、皮肤苍白、湿冷、血压下降、脉压减小、脉搏细速、发绀及尿少等。

（二）分类

休克有多种分类方法。为便于临床的急救诊治，按病因分类较为简明：

（1）低血容量性休克：丢失大量血液、血浆、水和电解质等引起。

（2）创伤性休克：由各种严重的创伤如骨折、挤压伤、烧伤、大手术等引起。

（3）心源性休克：急性心肌梗死等均可引起。

（4）心脏压迫性休克：张力性气胸、心脏压塞等可引起。

（5）心脏梗阻性休克：肺栓塞、机械通气等可引起。

（6）感染性休克。

（7）神经源性休克。

（8）其他休克：如过敏性休克、胰岛素性休克等。

（三）病理生理

休克是一个复杂的病理生理过程。尽管导致休克的原因不同，但当休克发展至一定阶段时，可表现出相同的病理生理特征。这是由于任何类型的休克都有绝对或相对有效循环血容量减少，即机体的组织、细胞处于低灌流状态。

1. 全身组织低灌流

静脉血氧含量降低，并伴有乳酸酸中毒。熟悉有关氧输送和氧消耗的基本知识，对理解休克的病理生理变化至关重要。

动脉血氧饱和度（SaO_2）：指动脉血中血红蛋白与氧结合的程度，用氧合血红蛋白占总血红蛋白的百分比或血红蛋白氧含量与血红蛋白氧容量之比表示。

动脉血氧含量（CaO_2）：指每 100 mL 动脉血中含氧的毫升数或毫摩尔数，是红细胞和血浆中含氧量的总和，包括血红蛋白结合氧和物理溶解氧两部分。

全身氧输送（DO_2）：指组织在单位时间内能获取氧的量。

$$全身氧输送（DO_2）= CaO_2 \times 心排血量（CO）$$

DO_2 和 VO_2（全身氧耗）形成氧的供给与需要之间的敏感平衡。正常情况下，血红蛋白携带的25%的氧由组织消耗，因此，回到右心的静脉血氧饱和度为75%。当氧供不能满足需要时，最初的代偿机制为增加心排血量。

如增加心排血量仍不能满足需要，则组织从血红蛋白中提取的氧量增加，导致混合静脉血氧饱和度（SvO_2）下降。

若代偿机制不足以矫正组织氧供需之间的失衡，则导致乏氧代谢，产生乳酸。乳酸含量和 SvO_2 是组织氧供需失衡严重程度的指标，必须连续监测以判断患者休克的严重程度。

2. 植物神经系统

（1）交感神经兴奋：传统的发病学说认为，休克以交感神经兴奋为始动环节，并贯穿于病程的始终。儿茶酚胺大量释放，收缩周围动脉和小动脉，增加心肌收缩力和心率，收缩皮肤、肾脏和内脏血管的平滑肌。而心、脑血管具有局部调节能力，尽管交感活动亢进，但它们仍维持开放状态，故驱使血液流向心和脑，保证了心脑的血液灌流。强烈、持续的血管收缩，将使血管分布区内的组织细胞缺血缺氧更加严重，酸性代谢产物积聚。

（2）迷走神经活动亢进：近年的研究结果指出，休克时迷走神经活动亢进。迷走神经递质乙酰胆碱（acetylcholine，ACh）从突触内大量释放，而红细胞乙酰胆碱酯酶（acetylcholinesterase，AChE）活性降低，使大量 ACh 积聚在突触间隙，持续作用在效应器官的 M 受体或 N 受体上，发挥不利效应。其对心血管系统的抑制，更是促使休克发展的重要环节。

3. 细胞内 Ca^{2+} 过载

休克时，儿茶酚胺激活 Ca^{2+} 通道，使细胞膜的通透性改变，大量细胞外液中的 Ca^{2+} 进入细胞，导致细胞内 Ca^{2+} 过载，促使交感神经递质 ACh 的进一步释放，从而促进血栓素和过氧化物的释放，并激活血小板。此外，其还将加剧能量代谢障碍，最后导致心、肺、脑、肾等重要器官的功能衰竭。

4. 微循环障碍

微循环是指微动脉和微静脉之间微血管结构中的血液循环，是循环系统最基本的结构，担负向全身组织细胞输送养料和排泄废物的功能。休克时，微循环的时相变化，这是交感和迷走神经兴奋的直接反映，又是以 Ca^{2+} 大量内流进入平滑肌细胞为基础的。

微循环和血流动力学的时相变化是休克时重要的病理生理变化。休克时血液中儿茶酚胺的浓度增加，同时迷走神经递质 ACh 大量释放，两者共同作用于微循环，使微动脉和微静脉强烈收缩。儿茶酚胺主要收缩微动脉和毛细血管前括约肌，ACh 则突出地收缩后微静脉。最初微循环的收缩是对低血容量的代偿，可降低微循环内的静脉压。心排血量的减少使毛细血管的表面积相应减少，结果有利于间质中的水和电解质返回血管内。返回的速度为 $50\sim120$ mL/h，以代偿低血容量。

如在休克代偿期及时去除致病原因，适当缓解微血管痉挛，可以促使休克好转。微循环如持续痉挛，毛细血管内血容量就会不足，组织细胞缺血缺氧加剧，加上不能及时排出代谢产物，血液 pH 值降低，进而引发代谢性酸中毒，毛细血管括约肌最终会失去对儿茶酚胺的敏感性，由收缩转为舒张，同时开放的毛细血管床数量增加，大量血液流入微循环。此时，毛细血管后微静脉仍处于收缩状态，导致微循环只灌不流，回心血量明显减少，血液淤滞在微循环内。微循环内水压升高，血液的液体成分渗透入间质。由于水分丢失，毛细血管内血黏稠度增加，血流减慢，红细胞呈泥流状，白细胞贴壁，加上局部酸中毒，血液处于高凝状态，组织细胞缺血缺氧更严重，细胞膜功能进一步受损。同时由于 Ca^{2+} 过载，血栓素和白三烯（LT）释放，血小板被激活，在微循环中形成微血栓。这可能导致一方面微循环灌流可以完全中断，另一方面大量凝血因子被消耗，发生弥散性血管内凝血（DIC），并向不可逆方向发展。

5. 细胞功能改变

休克时，由于细胞缺血缺氧，线粒体首先发生退行性变，线粒体内 Ca^{2+} 含量显著增加，而能量代谢出现障碍，导致溶酶体功能减退甚至破裂，大量水解酶漏出，其不但会消化本身的线粒体，使能量来源更加不足，还会经淋巴管最终进入血液循环，对机体产生一系列损伤作用。

6. 多种体液因子产生有害作用

如血管紧张素 II、加压素、组胺、心肌抑制因子（myocardial depressant factor，MDF）、前列腺素、内源性鸦片样物质（endogenous opiate-like substances，EOPS）、肿瘤坏死因子（tumor necrosis factor，TNF）等，均可对机体产生有害作用。

7. 再灌注损伤

任何一度的缺血组织重新获得有氧灌注后引起的细胞损害或死亡即为再灌注损伤。产生原因：Ca^{2+} 大量蓄积、氧自由基作用。

8. 全身炎症反应综合征和多器官功能障碍综合征

休克早期，若某种病理生理变化导致全身炎症反应综合征（SIRS），休克进一步发展，则可引发多器官功能障碍综合征（multiple organ dysfunction syndrome，MODS）。

（四）诊断

1. 有无休克

必须对患者症状和体征进行周密观察和检查，即一看、二问、三摸、四听，才可做出休克的诊断。一看，即观察患者的肤色和表情；二问，即询问病史，根据患者回答问题的情况，判断患者的神志是否清晰；三摸，即触摸患者的脉搏，了解脉搏的强度、快慢和节律是否规则，并触摸患者皮肤了解体温和干湿情况；四听，即听患者的心音和测量血压。

对于休克患者，应在现场迅速进行必要的救治，避免做过多烦琐的特殊检查，即使是必要的诊断检查也应在救治的同时进行。

目前认为，临床上对休克患者有意义且实施困难较小的检查项目有红细胞压积、血红蛋白、尿量、中心静脉压、PaO_2、$PaCO_2$、pH、心电图和电解质含量等。

监测以下 2 种指标对休克诊断和了解病情进展有重要价值：

（1）动脉血乳酸测定：动脉血乳酸正常值为 1 mmol/L，由于危重患者儿茶酚胺分泌增加可致糖酵解加速，因此允许达到 2 mol/L。而缺氧所致的高乳酸血症常伴有代谢性酸中毒（乳酸酸中毒）。因此，测定血中乳酸浓度对判断休克和评估治疗效果有重要价值。但乳酸半衰期为半小时至 10 余小时，难以反映休克的即时变化。

（2）胃肠黏膜 pH 值（pHi）监测：胃肠道是对缺血最敏感的器官，在循环异常时，缺血发生在胃肠道最早且恢复最晚。休克早期所有监测尚未出现异常，但胃肠道实际上已经处于缺血状态，此即为"隐性代偿性休克"。目前，临床上能够证实该型休克的唯一方法是进行间接 pHi 测定。虽然 pHi 下降是组织缺氧的结果，但 pHi 对流量变化的敏感性远大于对血氧含量变化的敏感性，因此，pHi 是一个优良的局部灌注指标。pHi 正常值为 7.32~7.35，良好的复苏结果应达到这一数值。

2. 引起休克的原因

① 消化道出血、剧烈呕吐、腹泻等；② 外伤失血、烧伤；③ 感染疾病；④ 过敏，如青霉素过敏；⑤ 交感神经阻滞后血管扩张，如麻醉；⑥ 心脏疾病；⑦ 肺栓塞；⑧ 心脏压塞，张力性气胸。

（五）病情观察、判断

休克是一个严重且变化多端的动态过程，要取得最好的治疗效果，必须注意加强动态观察。在病床边可以随时获得可靠的有关病情进展的重要指标数据，关键是不能放过任何细微的变化，同时，要做出科学的判断。具体观察与判断的内容如下：

1. 意识、表情

患者的意识、表情的变化能反映中枢神经系统血液灌流情况。脑组织灌注不足、缺氧，表现为烦躁、神志淡漠、意识模糊或昏迷等。严重休克时细胞反应降低，患者由兴奋转为抑制，表现为脑缺氧加重、病情恶化。患者经治疗后神志转清，疼痛反应改善，提示循环改善。

2. 循环

（1）末梢循环：患者皮肤的色泽、温度、湿度能反映体表的血液灌注情况。正常人轻压指甲或唇部时，局部因暂时缺血而呈苍白色，松开后迅速转为红润。轻压口唇、甲床，苍白色区消失时间超过 1 s，为微循环灌注不足或有瘀滞现象。休克时患者面色苍白、皮肤湿冷表明病情较重，患者皮肤色泽由苍白转为发绀，则提示进入严重休克，由发绀又转为皮下出现瘀血点、瘀血斑，注射部位渗血，则提示有 DIC 的可能，应立即与医生联系。如果患者四肢温暖，皮肤干燥，压口唇或指甲后苍白色区消失快（<1 s），迅速转为红润，表明血液灌注良好，休克好转。

（2）颈静脉和周围静脉：颈静脉和周围静脉充盈情况常提示血容量情况。休克时，由于血容量锐减，静脉瘪陷；若休克得到纠正，颈静脉和周围静脉充盈；若静脉怒张则提示补液量过多或心功能不全。

3. 体温

休克患者体温常低于正常人，但感染性休克患者可有高热。护理时应注意保暖，如盖被、使用低温电热毯或调节室内温度等，但不宜用热水袋，以免烫伤或使皮肤血管扩张，加重休克。高热患者可以采用冰袋、冰帽或低温等渗盐水灌肠等方法进行物理降温，也可配合室内通风或药物降温法。溺水时，低体温和缺氧相互作用，易引发急性低体温反应。急性肾功能损害通常可发生在溺水后，起初为轻微的可逆性肾功能损害，可能发展为需要透析的严重急性肾功能衰竭。同时，可通过对淹溺者血清肌酸酐的连续测定来评估有无潜在的急性呼吸道感染，特别是当血清肌酸酐升高、出现显著的代偿性酸中毒、尿检异常或淋巴细胞显著增多时。

4. 脉搏

休克时，脉率增快，常出现于血压下降之前。随着病情恶化，脉率持续增快，脉搏变细弱甚至摸不到。若脉搏逐渐增强，脉率转为正常，脉压由小变大，提示病情好转。为准确起见，有时需结合心脏听诊和心电图监测进行判断。需要注意的是，若心率超过 150 次/min 或发生高度房室传导阻滞等可降低心排血量。

5. 呼吸

注意呼吸次数，有无节律变化，呼吸增快、变浅、不规则，说明病情恶化；反之，呼吸频率、节律及深浅度逐渐恢复正常，提示病情好转。呼吸频率增至 30 次/min 以上或降至 8 次/min 以下，提示病情危重。应保持患者呼吸道通畅，有分泌物及时吸出，鼻导管给氧时维持 6~8 L/min 的高流量（氧浓度 40%~50%），输入氧气时应通过湿化器加湿，以保持呼吸道湿润，防止黏膜干燥。每 2~4 h 检查鼻导管是否通畅。行气管插管或切开、人工辅助通气的患者，更应注意全面观察机器工作状态和患者反应。每 4~6 h 测定全套血流动力学指标、呼吸功能并进行血气分析 1 次。高流量给氧者停用前应先降低流量，逐渐停用，使呼吸中枢逐渐兴奋。

6. 瞳孔

正常瞳孔两侧等大、圆形。双侧瞳孔不等大应警惕脑疝的发生。如双侧瞳孔散大，对光反射减弱或消失，说明脑组织缺氧，病情危重。

7. 血压与脉压

观察血压的动态变化对判断休克有重要作用。脉压越低，说明血管痉挛程度越重；反之，如脉压增大，则说明血管痉挛开始解除，微循环趋于好转。此外，在补充血容量后，血流改善，血压也必然上升。通常认为，上肢收缩压低于 12 kPa（90 mmHg）、脉压小于 2.7 kPa（20 mmHg），且伴有毛细血管灌流量减少症状，如肢端厥冷、皮肤苍白等是休克存在的证据。休克过程中，血流和血压是成正比的。因此，不能忽视对休克患者血压的观察。但治疗休克的目的在于改善全身组织血液灌注，恢复机体的正常代谢。不能单纯以血压高低来判断休克的治疗效果。在休克早期或代偿期，由于交感神经兴奋，儿茶酚胺释放，舒张压升高，而收缩压则无明显改变，故应注意脉压下降和交感神经兴奋的征象。相反，如使用血管扩张剂或硬膜外麻醉，收缩压在 12 kPa 左右而脉压正常（4~5.3 kPa），且无其他循环障碍表现，则为非休克状态。此外，平时有高血压的患者，发生休克后收缩压仍可能大于 16 kPa（120 mmHg），但组织灌注已不足。因此，应了解患者的基础血压，致休克因素使收缩压降低 20% 以上时考虑休克。对于重度休克患者，袖带测压往往不准确，可用桡动脉穿刺直接测压。休克治疗过程中，定时测压，对判断病情、指导治疗很有价值。若血压逐渐下降甚至不能测得，且脉压降低，则说明病情加重。血压回升到正常值，或血压虽低，但脉搏有力，手足转暖，则休克趋于好转。

8. 尿量

观察尿量就是观察肾功能的变化，尿量和尿比重是反映肾脏毛细血管灌流量和内脏血流量的重要指标。在休克过程中，长时间的低血容量和低血压，或使用大量血管收缩剂后，可使肾脏灌流量不足，肾缺血而影响肾功能。此时，患者肾小球滤过率严重下降，临床出现少尿或无尿。如果扩容治疗后，每小时尿量仍少于 25~30 mL，用 20% 甘露醇溶液 100~200 mL 于 15~30 min 内静脉滴注，或用呋塞米 20~40 mL 于 1~2 min 内静脉注入。如不能使尿量改善，则表示已发生肾功能衰竭，此时应立即控制入水量，补液应十分慎重。急性肾功能衰竭时，肾小管分泌 K^+ 的功能下降，同时大量组织被破坏，蛋白质分解代谢亢进，K^+ 从细胞内大量溢出进入细胞外液，故急性肾功能衰竭少尿期血钾必然升高。当血钾升高超过 7 mmol/L 时，如不积极治疗，可发生各种心律失常，甚至心搏停止，因此要限制钾的摄入。反复测定血钾、血钠、血氯，根据检验报告和尿量的情况来考虑 K^+ 的作用。可给予碳酸氢钠纠正酸中毒，使 K^+ 再进入细胞内，或给予葡萄糖加胰岛素静脉滴入，以使血清 K^+ 暂时降低。如果经过治疗，尿量稳定在每小时 30 mL 以上时，提示休克好转。因此，严格、认真记录尿量极为重要。

9. 其他

除此之外，还应注意对并发症的观察，急性呼吸窘迫综合征（休克肺）、急性肾功能衰竭、心功能不全及 DIC 是导致休克的常见并发症。

（1）急性呼吸窘迫综合征（ARDS）：应注意观察患者有无进行性呼吸困难、呼吸频率加快（>35 次/min）；有无进行性严重缺氧，经一般氧疗不能纠正缺氧，即 PaO_2<70 mmHg（9.33 kPa）并有进行性下降的趋势。常见于原有心、肾功能不全的患者，过度输入非胶体溶液时更易发生。如有上

述表现应及时处理。

（2）急性肾功能衰竭：如血容量已基本补足，血压已回升接近正常或已达正常水平，而尿量仍少于 20 mL/h，并对利尿剂无反应者，应考虑急性肾功能衰竭的可能。

（3）心功能不全：如血容量已补足，中心静脉压达 12 cmH$_2$O（1.18 kPa），又无酸中毒存在，而患者血压仍未回升，则提示心功能不全，老年人或原有慢性心脏病的患者有发生急性肺水肿的可能，应立即减慢输液速度或暂停输液。

（4）DIC：对于休克时间较长的患者，应注意观察皮肤有无瘀点、瘀斑或血尿、便血等，如有以上出血表现，则需考虑并发 DIC，应立即取血测定血小板、凝血酶原时间、纤维蛋白原等，并按 DIC 积极治疗。

（六）综合治疗措施

各种病因引起的休克临床表现相似，治疗的目的均为恢复组织灌注。首先要了解引起患者休克的原发疾病的发病过程及当时特殊的血流动力学变化。其次必须深入了解患者发生休克的主要原因和休克加重的原因，尤其不能忽视隐蔽的潜在病因。抗休克治疗应采取综合治疗措施，以争取获得良好的治疗效果。

1. 一般措施

（1）体位：平卧，或头、躯干稍抬高以利呼吸；下肢抬高 15°～20°，以利于静脉回流。

（2）保持呼吸道畅通。

（3）维持比较正常的体温：溺水时出现低体温应注意保温，高热时需进行有效的降温。

（4）镇静：无禁忌证而必要时可使用止痛剂，避免过多搬动。

（5）给氧：宜用鼻导管给氧，每分钟供氧 6~8 L，氧浓度一般为 40%。

2. 积极去除病因

去除休克病因是治疗休克的根本手段。尤其是对于某些外科休克，应在抗休克的同时果断地进行必要的手术，如控制内脏大出血、切除坏死肠管、修补消化道穿孔、引流脓液等，不能被"必先治疗休克而后手术"的教条所限。这是一个看起来比较简单而明确的原则，但在临床上遵循这一原则并不容易，往往受多方面因素的影响。其中最主要的一点是外科医师或急诊医师自身不能下决心，不能捕捉手术的最佳时机，对危重患者仍寄希望于先做一些一般治疗，以期"改善"全身情况，而后再进行手术，从而错失良机。应当机立断，一方面继续积极抗休克，另一方面进行紧急的抢救性手术，以挽救患者的生命。

3. 补液扩容

有效血容量降低是休克早期的共同特征。因此，补充血容量为休克复苏不可或缺的基本措施。补充足够的血容量时应注意，既要填补已扩大的毛细血管床容量，一般容量负荷要比预计的正常容量高500～1000 mL，又不能过度，应根据治疗过程中患者的反应，并参考中心静脉压（CVP）决定。有条件者，必要时应测肺动脉楔压（pulmonary artery wedge pressure, PAWP）。补液过程中应警惕输液过速或过多，如患者出现气短或肺底部湿啰音，为左心衰竭开始的征象（表7-3）。

表 7-3　血容量补充足量与否的临床鉴别

临床表现	血容量补充不足	血容量补充足够
口渴	存在	无
颈静脉充盈情况	不良	良好
动脉收缩压	下降	接近正常
脉压	减小	正常（>30 mmHg）
心尖搏动	不清楚、局限、微弱	清楚、广泛、有力
毛细血管充盈时间	延长	迅速
肢体温度	寒冷、潮湿、微紫	温暖、干燥、红润
尿量	少（<30 mL/h）	多（>30 mL/h）
CVP	下降	正常
脉搏	快而弱	慢而有力
体位性血压降低	显著、强烈	不显著

（1）补液的品种：补充血容量复苏在临床运用由来已久，常用补液为晶体液和胶体液，然而关于晶体液和胶体液在休克治疗中孰优孰劣至今仍存在争议，争议的核心问题在于血浆胶体渗透压（plasma colloid osmotic pressure, PCOP）与复苏液体对肺的影响。应用晶体液补充血容量可补充失

血性休克时缺失的组织间液而提高复苏成功率；而应用胶体液补充血容量迅速，可避免组织间液过度扩张。

（2）高张高渗液：对于严重低血容量性、外伤性休克患者，无论是在平时还是在战时，在运输途中平均所能输给的标准晶体液量均很少有临床效益。近年研究表明，高张盐液（7.5%氯化钠）、高张高渗液（7.5%氯化钠+12%右旋糖酐70）均有良好的效应。

高张高渗液的作用机理为高张盐液促使细胞内液进入细胞外间隙，而高渗溶液引起细胞外液进入血管腔内，结果是增加血浆容量，而致前负荷增加。此外，它的作用还包括直接刺激心肌、增强神经反射、加强交感神经冲动释放、改善内分泌功能与血液的流态、重建小动脉功能和扩张周围动脉等。它最大的优点是应用小剂量（4 mL/kg）即可改善血流动力学，如使血压升高和心排血量增加，血管阻力降低，营养血液明显增加，再灌注损伤减轻，尿量增加，所以适用于创伤性、失血性休克的院前急救和应急措施。近年来，此法被称为小剂量复苏。

高张高渗液有改善创伤复苏的作用，尤其适用于院前液体复苏。高张盐液和胶体液的作用是相叠加的，应用于创伤、失血性休克，可增加血浆容量而致前负荷增加，一般应用 4 mL/kg，可扩容 8~12 mL/kg。

4. 应用血管活性药

（1）血管扩张剂：适当应用血管扩张剂有利于组织灌注，但应在充分输液补充血容量的基础上应用。使用血管扩张剂后，腹腔内脏器及肾脏的灌注压降低，灌流量减少，氧耗量降低但氧债升高，可导致一过性酸中毒加重。因此，使用血管扩张剂时，必须与其他治疗相辅进行，并应逐步发挥它的作用，以免心血管系统难以适应。

（2）血管收缩药物：如有效血容量尚未恢复，血压升高不能表示组织灌注有改善，因为血管收缩剂是通过动脉和小动脉的进一步收缩发挥作用的，故动脉血压经由血管收缩剂升高是通过减少重要内脏的组织灌注实现的，所以应用血管收缩药物需十分慎重，必须应用者，宜小剂量、低浓度应用。

5. 纠酸

组织器官的低灌流状态是酸中毒的基本原因。由于应激反应所释放的儿茶酚胺可促使酸中毒发展，因此治疗酸中毒的最根本方法在于改善微循环的灌注状态，同时保持肾功能健全，至于缓冲液的输入，只能起治标作用。

下列 3 个定律对评估酸碱平衡和计算体内碳酸氢盐的丢失量有一定的实用参考价值：

定律 1：$PaCO_2$ 上升或下降 10 mmHg，pH 就相应下降或升高 0.08。

定律 2：pH 上升或下降，则碱剩余发生相应变化。

定律 3：体内碳酸氢盐缺少量 = 全身 $NaHCO_3$ 缺少量 = 碱储（BD）（mol/L）×患者体重（kg）÷4。

不宜将计算得到的碳酸氢钠的缺少量一次完全用于纠正代谢性酸中毒，因为这样可导致透过细胞膜的离子迅速转移，有引起心律失常和（或）惊厥的危险。应第一次快速输入计算值的 1/2，根据再一次的血气分析结果计算剩余 1/2 输入量，然后仍以计算所得的 1/2 量输入。

6. 应用激素

临床上常用激素为肾上腺皮质激素，如氢化可的松（hydrocortisone）、地塞米松（dexamethasone）或甲基强的松龙（methylprednisolone），它们能增强心肌收缩力，保护肺、肾功能。较大剂量能阻断 α 受体兴奋作用，扩张血管，降低周围血管阻力，改善微循环，并可增加细胞内溶酶体的稳定性，以及降低细胞膜的通透性，减少毒素进入细胞。此外，其还能中和内毒素。

7. 应用纳洛酮

人体在各种应激情况下，均会发生内源性鸦片样物质释放增加，纳洛酮是纯吗啡受体拮抗剂，能有效地拮抗内源性鸦片样物质介导的各种效应，迅速逆转低血压。纳洛酮的成人首次剂量是 4.0 mg，静脉注射 2~3 min，半衰期为 30~40 min，故重复用药才能发挥作用，然后以 4~8 mg 持续静滴。纳洛酮的不良反应少。

8. 应用莨菪类药物

国内已广泛应用莨菪类药物治疗休克。莨菪类药物可阻断 M 受体和 α 受体在应激状态下的全部不利效应，减少细胞氧耗，节约能量，并可供给 β 受体更多 ATP，充分发挥 β 受体的效应，使血管平滑肌舒张，有助于改善微循环和内脏功能。此外，莨菪类药物还具有 Ca^{2+} 拮抗剂的作用，对肠黏膜细胞溶酶体有特殊稳定作用，并可阻断肠因子的释放。因此，莨菪类药物抗休克的机制是多种心血管效应、Ca^{2+} 拮抗作用和纠正酸碱平衡紊乱的综合效应。治疗休克时，宜用大剂量。

上述综合治疗的原则应根据具体临床情境灵活运用，同时正确地解读各项客观检查指标，还应考虑到幼儿、老年人和有严重基础疾病的患者所表现出的特异性的临床特征，所有治疗必须做到及时、正确、有效和坚持。

二、创伤性休克

创伤性休克（traumatic shock）多指机体遭受剧烈的暴力打击，导致重要脏器损伤、大出血，使有效循环血量锐减，微循环灌注不足，以及创伤后剧烈疼痛、恐惧等多种因素引起的机体代偿失调综合征。创伤性休克在平时、战时均常见，其发生率与致伤物性质、损伤部位、失血程度、生理状况和伤后早期处理有关。

（一）病因及发病机制

创伤性休克的常见病因主要有 4 种：① 交通事故伤；② 机械损伤；③ 坠落伤；④ 其他伤。各部位伤中，以腹部、骨盆和胸部穿透伤的发生率较高。创伤性休克是创伤患者早期死亡的重要原因。

发生创伤性休克时，如能及时地解除引起休克的原因，补足血容量，纠正心血管系统紊乱及酸中毒，血压仍可恢复，循环衰竭亦可得到纠正。如低血压时间过长（超过 2 h），组织细胞因缺氧时间过久而坏死，产生了许多血管扩张性物质，可使静脉和毛细血管床更加扩张，大量血液淤滞在器官内，血流迟缓，各器官的微循环内微血栓广泛形成，静脉回流减少，有效循环血量进一步减少。另外，组织细胞缺氧时间过长，毛细血管的通透性增加，血浆和血细胞大量渗出血管外，也会进一步降低有效循环血量，引起恶性循环，使休克越来越严重。若休克发展到此严重阶段，最后受肠毒素吸收及肝脏解毒功能低下等，以及微循环衰竭、局部酸中毒、创伤性溶血、红细胞释放出凝血物质、创伤时组织碎块产生等因素的影响，可导致弥漫性血管内凝血，使微循环衰竭更加严重；延髓生命中枢长时间缺氧，肾脏因长期缺血而出现肾功能衰竭；心、肺等因缺血、缺氧造成严重损伤，抢救困难，预后亦差。

（二）创伤性休克的救治

大失血及休克所致死亡占创伤早期死亡人数的 30% ~ 40%，因此及时有效的现场急救、运送途中的优良救治及急诊室和手术室等的高效救治是提高创伤性休克患者早期救治成功率的关键。

现场急救：大失血是重大灾害和道路交通伤等致患者早期死亡的主要原因之一，因此现场急救的重点是快速高效地止血。另外，保持呼吸道通畅、采取有效措施保护其他受损组织、做好休克的预防等也是创伤性休克现场处理的关键环节。

运送途中及急诊科救治：强调运送途中优良治疗，即有活动性出血的控制出血，在到达手术室进行彻底手术止血前应采取允许性低压复苏，以满足机体基本需求为主。急诊室救治阶段应遵循快检快送原则，以尽快使伤员到达手术室开展确定性治疗。

手术室救治：在手术过程中，强调活动性出血尚未完全控制前仍需采用允许性低压复苏，待彻底止血后采用常规复苏。现代杂交手术室的建立，为创伤患者的救治提供了更为积极有效的条件，介入治疗被更多地应用于创伤患者的救治过程中，其因具有创伤小、疗效佳、恢复快的特点，被更多的患者所熟知并接受。

重症医学科救治：手术后第一个 24 h 的重点是积极维持内环境稳定，预防和处理致死三联征。

重点强调：最大限度地缩短发生创伤至接受决定性手术的时间，能够改善预后，提高存活率。解除危及生命的原发伤，从源头上消除病因、遏制休克的发展，这在抗休克中占有举足轻重的地位。只要病灶已构成严重威胁、手术指征明确，就应果断手术。有条件的立即进行手术，没条件的也应创造条件尽快进行手术。

（三）器官和系统功能支持

1. 循环功能支持

（1）容量复苏：给予充分的血容量支持，可从静脉及胃肠道补给，保证组织灌注，快速扩容以增加心排血量、增强运输氧的能力，保证脑组织及各器官组织氧的供给，迅速恢复循环血容量，缩短器官血流灌注不足的时间，防止发生多器官功能衰竭。

（2）应用血管活性药物：创伤性休克不同阶段的病理生理过程十分复杂，治疗的关键是纠正血流动力学紊乱；治疗的主要目标是改善组织器官的血流灌流，恢复细胞的功能与代谢。合理应用血管活性药物仍是休克的基础治疗方法之一，其中以多巴胺和去甲肾上腺素为常用药。

（3）应用正性肌力药物：当出现持续性低灌注现象或提示心功能不全时，可试验性应用多巴酚丁胺，以 2 μg/（kg·min）开始，最大剂量 20 μg/（kg·min），或在升压药基础上加用多巴酚丁胺。如果经充足的液体复苏并获得足够的平均动脉压（MAP）后，心排血量（CO）仍低，可考虑使用左西孟旦。左西孟旦作为一种钙增敏剂，可使每搏输出量（SV）、心排血量（CO）和心脏指数（CI）增大，而心率和心肌氧耗量无明显变化。

2. 呼吸功能支持

对休克患者可首先给予鼻导管给氧或面罩给氧、无创呼吸机辅助呼吸，血气分析每小时进行 1 次。如血氧饱和度不稳定，或难以纠正酸碱平衡紊乱，立即给予气管插管呼吸机辅助呼吸，维持生命体征，保证全身各组织器官氧的供给。

3. 肾功能支持

充分容量复苏的前提下，若患者尿量仍没有增加、内环境不稳定，应及早给予肾功能支持。建议使用连续性肾脏替代治疗（CRRT），辅助管理血流动力学不稳定患者的液体平衡。

4. 消化系统功能支持

预防应激性溃疡（SU）。对有出血危险因素的创伤性休克患者，推荐使用 H_2 受体阻滞剂或质子泵抑制剂预防 SU，可降低上消化道出血发生率。没有危险因素的患者不建议进行预防治疗。

5. 内分泌功能调节

目标血糖上限为 10.0 mol/L（180 mg/dL）。应该在有营养支持的情况下控制血糖，以防止发生低血糖。

6. 血液系统功能支持

（1）应用血液制品：一旦组织低灌注得到改善同时没有心肌缺血、严重低氧血症、急性出血或缺血性心脏疾病，检测血红蛋白<70 g/L，可输注红细胞，血红蛋白目标值为 70~90 g/L。为避免出现高钾血症，尽量减少库存血输入量。

（2）预防深静脉血栓：可用药物预防静脉血栓栓塞（VTE）。

7. 免疫调节及炎症控制治疗

如充分的液体复苏和血管活性药物应用能使血流动力学恢复稳定，则不建议常规使用糖皮质激素静脉注射。如未达目标，可静脉应用糖皮质激素。

8. 营养支持

经胃肠道途径容量复苏以及早期肠道营养支持需要在维持血流动力学稳定、肠道功能较好或恢复的状态下适量给予，循序渐进。

提高创伤性休克救治率的关键在于尽早去除休克病因，同时尽早恢复有效的组织灌注，改善组织细胞氧供，重建氧供需平衡并恢复细胞正常功能。创伤性休克的临床复苏必须在有效、及时的监测与评估的指导下进行，评估内容包括病因的去除，有效循环血容量状态，微循环状态，氧代谢状态，水、电解质和酸碱平衡状态及器官功能等。除传统的休克监测和评估指标外，组织灌注和氧代谢指标对评估疗效及判断预后具有重要意义。

三、感染性休克

感染性休克（septic shock），是指严重感染导致的低血压持续存在，经充分的液体复苏难以纠正的急性循环衰竭，可迅速导致严重的组织器官功能损伤。病死率高的主要原因为多器官功能障碍综合征（MODS）。

感染性休克的血流动力学特点：体循环阻力下降，心排血量增加，肺循环阻力增加和心率改变。感染性休克时的血压下降主要继发于阻力血管的扩张。导致组织灌注不良的基本原因是血流分布异常。虽然在严重感染时出现的毛细血管通透性增加等诸多因素可导致循环血容量的绝对减少，但导致休克的基本原因仍然是血流的分布异常。因此，血流分布异常是导致感染性休克低容量状态的根本原因。临床上，不应将感染性休克早期的低容量状态与低血容量性休克混为一谈。

（一）病因

1. 病原菌

严重感染特别是革兰氏阴性菌感染常可引起感染性休克，如肠杆菌科细菌（大肠杆菌、克雷伯菌、肠杆菌等）、不发酵杆菌（假单胞菌属、不动杆菌属等）、脑膜炎球菌等。革兰氏阳性菌如葡萄球菌、链球菌、肺炎链球菌、梭状芽孢杆菌等也可引起休克。某些病毒性疾病的病程中也较易发生休克，如流行性出血热。

2. 宿主因素

老年人、婴幼儿、大手术后体力恢复较差者较易发生感染性休克。原有慢性基础疾病，如肝硬化、糖尿病、恶性肿瘤、白血病，以及长期接受肾上腺皮质激素等免疫抑制剂和放射治疗、应用留置导尿管或静脉导管者可发生感染性休克。

（二）临床表现

休克代偿期血压往往正常或略低于正常，在代偿作用下有时甚至轻度升高，但脉压降低。患者肢端和面色苍白、发绀、尿量减少、心率和脉搏加快、烦躁不安。部分暖休克患者早期可表现为肢端温暖、皮肤干燥、面色潮红，但组织灌注不良存在，容易漏诊。

休克失代偿期表现为患者烦躁加剧或萎靡、嗜睡，甚至出现神志不清。同时血压进行性下降，组织缺血缺氧加剧，尿量进一步减少或无尿，皮肤可出现花斑，实验室检查提示酸中毒。

休克难治期的突出表现为循环衰竭、DIC 及 MODS：① 循环衰竭表现为血压持续下降或难以测出，对血管活性药物反应性差；② 凝血功能异常，出现 DIC 表现，如出血、皮下瘀斑、贫血等。③ 各器官功能障碍和衰竭可有各自的临床表现，如肾功能不全出现少尿或无尿，ARDS 患者出现呼吸频率和节律的异常等。

需要注意的是，休克分期是为了易于理解休克的发展过程，实际上休克的病理生理过程是一个进行性发展的过程，是连续的、无法绝对分割的。

（三）感染性休克的诊断

感染性休克的诊断应结合现病史和既往疾病状况、休克的相关症状和体征、实验室检查结果等。首先明确感染的证据，再进行感染性休克的诊断，并评估器官功能状态，分析其个体化的病理生理过程，这也是一个综合评估的过程，包括基础生命体征的监测、感染病原学诊断，以及对心血管、呼吸、消化、肝脏、肾脏等各器官系统功能的评估。此外，还需要对微循环功能状态进行评估。

1. 感染的诊断

存在感染的临床表现、实验室证据或影像学证据。

2. SIRS 的诊断标准

体温>38 ℃或<36 ℃，心率>90 次/min，过度通气 ［呼吸频率>20 次/min 或二氧化碳分压（PCO_2）<32 mmHg］，白细胞增多（>12×10^9/L）或白细胞减少（<4×10^9/L），或有超过 10% 的幼稚白细胞。

3. 低血压的诊断

成人收缩压<90 mmHg，平均动脉压（MAP）<70 mmHg，或收缩压下降>40 mmHg，或血压低于正常年龄相关值的 2 个标准差。

4. 组织低灌注的诊断

高乳酸血症：血清乳酸水平>2 mmol/L；毛细血管再充盈时间延长、皮肤花斑或瘀斑。

5. 器官功能障碍的评估

感染性休克患者的预后极差，病死率高，因此在临床上尽快评估各器官功能，有助于判断预后，并采取针对性的措施。目前对器官功能障碍无统一的评价标准，临床上需要注意的是，一些患者存在基础疾病导致的器官功能障碍和年龄因素导致的器官功能减退，在诊断上要识别新出现的器官功能障碍和原有器官功能障碍基础上的损伤加重。

（四）感染性休克的治疗

患者出现感染性休克时首先应快速评估并稳定其生命体征，尽早经验性使用抗菌药物，同时积极确定病原菌，并基于对患者病理生理状态的分析以及器官功能障碍严重程度的评估，改善机体的炎症状态和器官功能，防止感染性休克向 MODS 发展。治疗过程中应注重个体化因素。

1. 早期紧急判断

当患者出现组织灌注不良的表现，无论血压是否正常，急救时应首先依次考虑以下 3 个方面的问题：

（1）心排血量是否降低：如果临床表现为脉压增大、舒张压降低、发热等感染征象，很大程度上提示心排血量增加，应尽快进行容量补充。如果有容量明显丢失的病史（如失血、肠梗阻等）、脉压降低、心率加快、颈静脉无怒张、肢体湿冷，则提示心排血量减少，循环血容量不足，需要进行容量复苏。

（2）容量负荷是否足够：临床上可以观察到一系列与容量负荷相关的症状或体征，包括肺底部湿啰音、胸部 X 线影像改变、颈静脉怒张、组织水肿、心电图改变等。对已经开始容量补充的患者，可根据此时的容量评价再次调整补液的速度，避免容量过量补充。如果判断容量负荷已经足够，则应针对心功能不全选用正性肌力药物，或针对周围血管扩张应用血管活性药物。

（3）治疗的程度是否合适：发生严重感染和感染性休克时心脏同样是受害器官，通常会合并心脏功能改变；心源性休克可以合并循环血容量不足或严重感染。这些情况是临床上常见的问题。患者出现肢体水肿，甚至出现肺水肿，并不一定是因为循环血容量过多。体液在机体不同腔隙中的异常分布，严重影响对循环功能的临床判断。此时可根据需要，选用有创的导管或心脏超声检查等方式获得更多的血流动力学参数，指导更进一步的治疗。

2. 控制感染是感染性休克的基础治疗措施

在控制感染原的基础上，推荐在感染性休克确诊后尽早开始（1 h内）静脉应用有效的抗菌药物。推荐初始经验性抗感染治疗应用可以覆盖所有可能的致病性微生物［细菌和（或）真菌或病毒］的一种或多种药物，并保证充分的组织渗透浓度，建议经验性联合治疗不超过 3~5 天。一旦通过药敏试验确定了病原菌，就结合患者的临床情况改为最恰当的单药治疗。但是，对于铜绿假单胞菌感染、部分心内膜炎，以及存在无法清除的感染病灶，应延长抗菌药物联合使用的时间。

3. 器官和系统功能支持

（1）循环功能支持：给予充分的血容量支持，可经静脉及胃肠道补给，保证组织灌注，快速扩容以增加心排血量和运输氧的能力，保证脑组织及各器官组织氧的供给，防止发生多器官功能衰竭。

① 容量复苏：一旦确定存在组织低灌注，应当立即进行容量复苏，对急性全身感染导致的低灌注的复苏目标包括以下所有内容，并作为治疗方案的一部分：a. CVP 8~12 mmHg；b. MAP≥65 mmHg；c. 尿量>30 mL/h；d. 中心静脉血氧饱和度（$ScvO_2$）≥0.70 或混合静脉血氧饱和度（SvO_2）≥0.65。容量复苏的原则：感染性休克早期，患者均有血容量不足，根据血细胞比容、中心静脉压和血流动力学监测结果选用补液的种类，掌握输液的速度。推荐以晶体液为主，有利于防止胶体液从血管渗漏导致肺水肿和心力衰竭的发生。低蛋白血症患者推荐应用白蛋白。

② 应用血管活性药物：感染性休克不同阶段的病理生理过程十分复杂，治疗的关键是纠正血流动力学紊乱；治疗的主要目标是改善组织器官的血流灌注，恢复细胞的功能与代谢。迄今为止，合理应用血管活性药物仍是休克的基础治疗方法之一。若经过充分液体复苏，血压仍不达标，为使

MAP≥65 mmHg，可加用血管升压药物，首选去甲肾上腺素。近年来，关于去甲肾上腺素对感染性休克血流动力学影响的研究表明，去甲肾上腺素相较多巴胺在治疗感染性休克方面有更大的优势。

心脏充盈压增高和低心排血量提示心功能不全或尽管循环血容量充足和 MAP 达标，但仍然持续存在低灌注征象，可应用多巴酚丁胺。如果经充足的液体复苏且 MAP 达标后，CO 仍低，可考虑使用左西孟旦。左西孟旦作为一种钙增敏剂，可使 SV、CO 和 CI 增加，而心率和心肌氧耗量无明显变化。

（2）呼吸功能的支持：对感染性休克患者可首先给予鼻导管给氧或面罩给氧、无创呼吸机辅助呼吸，如血氧饱和度不稳定，或存在难以纠正的酸碱平衡紊乱，应立即给予气管插管呼吸机辅助呼吸，维持生命体征，保证全身各组织器官氧的供给。

（3）肾功能、消化系统功能、血液系统功能的支持：治疗过程中，要注意内环境、尿量、凝血功能等情况，注意预防应激性溃疡、深静脉血栓等。

（4）免疫调节及炎症控制治疗：肾上腺皮质功能低下的患者，可小剂量使用激素；在 SIRS 反应初期，激素应用对患者具有积极的作用；但对于免疫抑制的患者应谨慎使用。调控机体的免疫反应，及时有效地阻断 SIRS 向代偿性抗炎反应综合征（CARS）和 MODS 发展是危重症患者治疗成功的关键，推荐使用乌司他丁。胸腺肽 α1 作为免疫调节剂可刺激 T 淋巴细胞分化、增殖、成熟，还可抑制淋巴细胞凋亡，调节细胞因子分泌。对于部分 T 细胞免疫功能缺陷的患者，胸腺肽 α1 在纠正感染性休克引起的免疫功能紊乱方面显示出一定的临床价值。

（5）营养支持：经胃肠道途径容量复苏以及早期肠道营养支持，需要在维持血流动力学稳定、肠道功能较好或恢复的状态下适量给予。对有营养风险的急性感染患者，若接受肠内营养 3~5 天仍不能达到 50% 目标量，建议添加补充性肠外营养。

上述内容的整理基于目前对感染性休克的病理生理学、诊断、治疗的理解，以及参考现有的循证医学证据，而感染性休克的临床诊疗是不断发展的，其临床治疗也是个体化的，在临床实践中，应根据具体情况、经验进行诊断和治疗。

（王成龙　许俊华　邢佳丽）

第八章

现场急救技术

第一节　心肺复苏术

心肺复苏术（cardiopulmonary resuscitation，CPR），是急救心搏呼吸骤停患者的技术。造成心搏呼吸骤停的原因很多，从发生机制看，心搏呼吸骤停大致分为原发性和继发性两类。原发性心搏呼吸骤停是指心、肺器官本身存在病变，如心肌梗死、冠心病、肺梗死、呼吸道烧伤、呼吸道梗阻等引起心搏呼吸骤停。继发性心搏呼吸骤停是指心、肺器官本身是正常的，但由于其他引起心搏呼吸骤停的问题（如严重创伤、严重颅脑疾病、电击、溺水、休克、中毒、电解质紊乱、植物神经失调等）直接或间接引起冠脉灌注量减少、心律失常、心肌收缩力减弱或心排血量降低等，引发全身病理性改变而发生心搏呼吸骤停。

对心搏呼吸骤停者应立即进行抢救，抢救成功的首要环节是对施救对象进行快速而准确的判断。心搏呼吸骤停的判断依据：① 突然丧失意识（昏倒、呼之不应）；② 停止呼吸或濒死样呼吸（胸部无起伏）；③ 颈动脉搏动消失（须专业人员判断，非医务人员只判断意识丧失、呼吸停止、面色发白）。

对心搏呼吸骤停的判断应在 7 s 内完成。若判断施救对象心搏呼吸骤停，则应在现场立即实施心肺复苏术（CPR）。

一、CPR 的适应证与禁忌证

CPR 适用于各种原因引起的呼吸、心搏骤停的急救，没有绝对的禁忌证。明确为心、肺、脑等重要器官功能衰竭无法逆转的心搏呼吸骤停，视为相对禁忌证。"胸壁开放性损伤、肋骨骨折、胸廓畸形"等状况导致心搏呼吸骤停的患者，在不能实施胸部心肺复苏时，采用"腹路"方法复苏（详见附录二）。

二、CPR 成功的三要素

现代医学心肺复苏术（CPR）获得成功需要三项核心技术为：

（1）胸外心脏按压：产生并维持人工循环，维持前向血流；

（2）体外心脏电除颤：尽快终止可除颤心率；

（3）口对口人工呼吸：保持人工通气。

三、标准 CPR 九步操作法

实施 CPR 过程包括 3 个阶段（三期）：① 基础生命支持（BLS）；② 进一步生命支持（ACLS）；③ 延续（高级）生命支持（PLS）。

标准的 CPR 九步操作法如下：

步骤一　判断意识、脉搏、呼吸

只要所处环境不存在危险因素并适合急救，就应就地抢救。施救者在患者身旁，快速判断患者有无损伤和反应。如果患者有头颈部创伤或怀疑有颈部损伤，应给予颈椎保护以避免造成脊髓损伤。

（1）判断意识（图 8-1）：拍患者肩部，分别对患者两耳呼喊："喂！你怎么啦?"，呼喊的声音要洪亮。

（2）检查脉搏：检查颈动脉搏动情况时，用手指准确触摸患者颈动脉（图 8-2），触摸时指腹应位于胸锁乳突肌前缘（找到患者的甲状软骨，沿甲状软骨外侧 0.5~1.0 cm，气管与胸锁乳突肌间沟内即可触及颈动脉，数 5 s）。

　　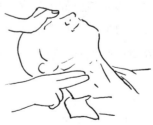

图 8-1　判断意识　　　　　　　　图 8-2　检查颈动脉搏动情况

（3）观察呼吸：可通过观察患者胸廓的起伏，检查患者鼻、口部有无气流或在光滑表面是否产生雾气等方法来判断是否发生呼吸停止。经过培训的医务人员，在判断患者呼吸状况的同时应该判断其循环征象（循环征象包括患者的颈动脉搏动和任何发声、肢体活动等）。患者一旦出现呼吸异常（停止、过缓或喘息），即可认定出现心搏骤停，应立即予以 CPR。

此步骤所用时间应控制在 5~7 s 内。注意"三不"：不听心音、不测血压、不查心电图。

步骤二　呼救，启动急救医疗服务体系（EMSS）（图 8-3）

在医院外时，施救者应立即呼救，启动急救程序，拨打 120。

在医院内时，应立即呼救，推抢救车，拿除颤仪。

图 8-3　呼救

步骤三　安置体位

（1）置患者于仰卧位（平躺于硬质平面），解开患者上衣，暴露前胸。

（2）施救者应位于患者右侧，左大腿外侧与患者右肩相平齐，两腿自然分开与双肩相平（图 8-4），在进行按压时不得移步。

图 8-4 安置体位

步骤四 胸外心脏按压

（1）按压部位：胸骨中下段约1/3处（两乳头连线中点，图8-5）。

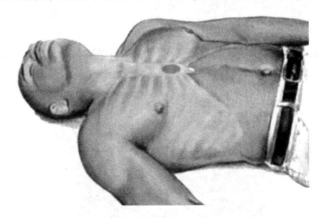

图 8-5 心脏按压位置

（2）按压手法、姿势（图8-6）：将一手掌的根部置于按压部位，另一手掌根部叠放其上，两手掌根部完全重叠，十指相扣，掌心、手指翘起，以手掌根部为着力点进行按压。两肘关节伸直，身体微前倾，使肩、肘、腕位于同一轴线上，与患者身体平面垂直。

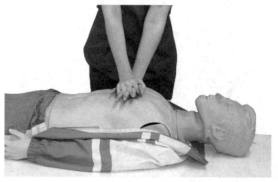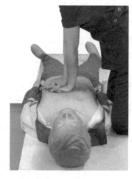

图 8-6 正确的心脏按压姿势

（3）利用上半身重量垂直下压，按压深度成人不少于 5 cm，但不超过 6 cm。每次按压后让胸廓完全回弹，注意放松时手掌不离开胸壁。

（4）按压频率 100~120 次/min，按压时间与放松时间相同。

（5）心脏按压与人工呼吸比例为 30：2。

步骤五　体外心脏电除颤

按照电击除颤规范完成（图 8-7）。尽早实施电除颤是 CPR 成功的关键环节之一。具体方法见本章第二节。

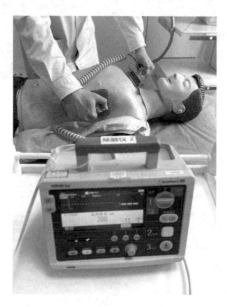

图 8-7　规范操作电除颤

步骤六　开放气道（对于淹溺者，此步骤应为步骤三）

开放气道时，应使患者取复苏体位（仰卧位，图8-8）。应先行30次心脏按压，再开放气道。如无颈部创伤，可以采用仰头抬颏法，清除口腔及咽部异物（图8-9）。施救者怀疑患者有颈椎脊髓损伤时，应避免头颈部的延伸，可使用托颌法。

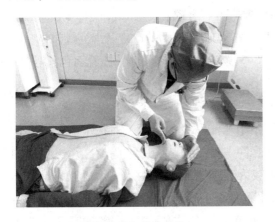 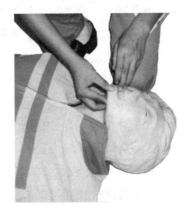

图8-8　开放气道的体姿　　　　**图8-9　清除口腔及咽部异物**

步骤七　人工呼吸（对于淹溺者，此步骤应为步骤四）

口对口人工呼吸是一种快捷有效的通气方法，可满足患者的氧需求。人工呼吸时，要确保患者气道通畅。

（1）施救者一手捏住患者的鼻孔，防止漏气；一手扒开患者的嘴，用口把患者的嘴完全罩住，呈密封状（图8-10）；

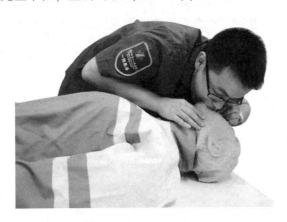

图8-10　口对口人工呼吸

（2）施救者先深吸一口气，口对口，快速吹气，一次吹气可在 1 s 完成，确保通气时见患者胸廓起伏。人工吹气时，施救者应同时观察患者胸部，见患者胸部扩张后，停止吹气，放松捏鼻子的手，待患者胸部自然回缩，再做第二次。

（3）以每分钟吹气 8~10 次（小儿可稍增加几次）的速度重复操作，直到患者恢复自然呼吸。每次给气要规范、有效。

步骤八　再评估（1 个周期后，指完成 5 个"30∶2"后，再判断）

评估方法应快速、正确，即"一摸三看"（摸颈动脉，看面色、呼吸、瞳孔），然后确定是否继续心肺复苏，或者报告"复苏成功"。

步骤九　关爱患者，整理患者衣服，报告"操作完成"

以上介绍的标准 CPR 步骤适用于非淹溺者的急救，而在水上突发事件中对淹溺者进行现场心肺复苏时，首先要畅通气道，清除口、鼻、咽喉的异物，即刻开始控水（排出溺水吸入呼吸道和胃内的水，须注意的是，不可因控水时间过长而延误心肺复苏的实施）。常用的控水方法：① 膝顶法；② 抱腹法；③ 肩顶法。具体方法见第七章第一节的内容。控水后紧接着进行胸外心脏按压，即 A—B—C—D 顺序。

（余　湛　张利远）

第二节　心脏电复律术

心脏电复律术是使用外加高能量脉冲电流治疗严重快速型心律失常并使其转复为窦性心律的一种急救方法。根据放电时脉冲是否与心电图的R波同步，心脏电复律可分为同步电复律和非同步电复律，非同步电复律又称电除颤。

一、适应证

（1）非同步电复律（电除颤）适用于心搏骤停最常见的两种形式——心室颤动及无脉性室性心动过速的抢救和某些无法同步的室性心动过速的急救。

（2）同步电复律适用于心房颤动、阵发性室上性心动过速、阵发性室性心动过速，尤其适用于伴心绞痛、心力衰竭、血压下降等血流动力学障碍及药物治疗无效者。心律失常通常可根据紧急程度分为Ⅰ类和Ⅱ类。Ⅰ类:任何引起血流动力学不稳定、心肌缺血或心力衰竭的心律失常,常需急诊进行电复律,如血流动力学障碍、快速心室率和症状难以耐受的室性心律失常,或血流动力学不稳定的室上性心动过速(宽和窄 QRS 波)。Ⅱ类:这类心律失常无急诊电复律指征,即使择期电复律也要权衡复律成功率及维持窦性心律的可能性与复律的风险,包括无症状的心房颤动或心房扑动、心室率慢的心房颤动、病态窦房结综合征、心脏传导系统病变。

二、禁忌证

(1)非同步电复律无禁忌证。

(2)下列情况禁用同步电复律:

① 洋地黄中毒引起的心律失常,这是由于洋地黄中毒时心脏对电击的敏感性增加,易导致恶性室性心律失常;

② 室上性心律失常伴完全性房室传导阻滞,或持续心房颤动未用影响房室传导药物的情况下心室率已很缓慢;

③ 伴有病态窦房结综合征;

④ 近期有动脉栓塞或经超声心动图检查发现心房内存在血栓而未接受抗凝治疗者。

三、操作步骤

(一)体外非同步电复律(电除颤)

(1)将患者水平置于仰卧位,充分暴露患者胸部。

(2)将导电胶均匀涂布于除颤仪的两块电极板上。打开电源,连接除颤仪,建立心电监护。

(3)确认非同步方式。

(4)选择生产商推荐能量(单相波 300~360 J,双相波 120~200 J)。

(5)安放电极板:胸骨电极板上缘放于患者胸骨右缘第 2 肋间,心尖电极板上缘置于患者左腋中线第 4 肋间(图 8-11),电极板与皮肤紧密接触。

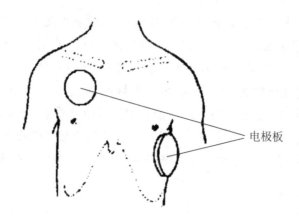

图 8-11　电极板安放位置示意图

（6）充电。

（7）环顾患者四周，确定操作者、周围人员与患者、病床无直接或间接接触。

（8）对电极板施加一定压力（约 50 kN），使电极板指示灯由红色转为绿色。

（9）再次观察心电波形，确认有电除颤指征，双手拇指同时按压放电按钮。

（10）放电后，立即胸外心脏按压 2 min 再分析心电波形，根据循环恢复情况决定是否需要再次电除颤。

（11）判断心律失常类型，确定是否存在室颤。

（12）如室颤为细颤，除颤前先给予肾上腺素 1 mg。

（13）选择"非同步"按钮，确定转复能量（单向波 300～360 J；双向波 120～200 J）。

（14）电极板均匀涂抹导电胶或垫以生理盐水浸湿的纱布，电极板分别置于胸骨右缘第 2 肋间及左腋前线第 5 肋间，两个电极板至少相隔 10 cm。

（15）用力按压使电极板与胸壁紧密接触，大声嘱咐其他人员勿靠近患者、病床。

（16）按下"充电"按钮，将除颤仪充电到所需水平，双手同时按下电极板上的"放电"按钮。

（17）除颤结束立即进行 CPR，必要时可重复上述除颤步骤。

（18）操作完毕，将能量归零，再将电极板擦干净，收存备用。

（二）体外同步直流电复律

（1）将患者置于仰卧位。

（2）持续心电监护。

（3）建立静脉通道。

（4）做好气管插管等复苏抢救准备。

（5）将复律方式调为"同步"，观察心电波形，检查除颤器同步性能。

（6）经静脉缓慢注入镇静剂，直至患者睫毛反射消失，停止用药。

（7）将两块电极板均匀涂抹导电胶。

（8）选择电复律能量。

（9）将电极板分别放置于患者右侧锁骨中线第 2 肋下方及左腋中线第 4 肋间，与皮肤紧密接触（电极板指示灯由红色转为绿色）。

（10）确认无人直接或间接接触患者及病床后充电。

（11）充电完毕，再次要求周围人员远离患者，持续按住放电按钮，直至放电。

（12）观察并记录心电图，如无效，可增加电复律能量。

（13）转复过程中与转复成功后，均须严密监测心律、心率、呼吸、血压、神志等变化。

（14）如果电复律诱发室颤，则立即电击除颤。

四、注意事项

（1）正确评估患者的意识及需要除颤的心电图表现。

（2）患者皮肤应清洁干燥，行心脏电复律术需避开伤口。对大汗者，应及时帮其擦干皮肤；胸毛浓密者，应帮其剃净胸毛。

（3）电极板应避开起搏器的安置部位，除颤后及时测试起搏器的性能。

（4）除颤时电极板与皮肤紧密接触，施加于电极板的力约 50 kN。

（5）2 个电极板的距离不应小于 10 cm，要保持干燥，避免因导电胶或生理盐水相连造成短路。电极板的把手也应保持干燥。所有人都不能接触患者及病床，避免伤及操作者。

（6）除颤过程中避免氧气直接吹向患者胸壁。

电复律具体操作流程见图 8-12。

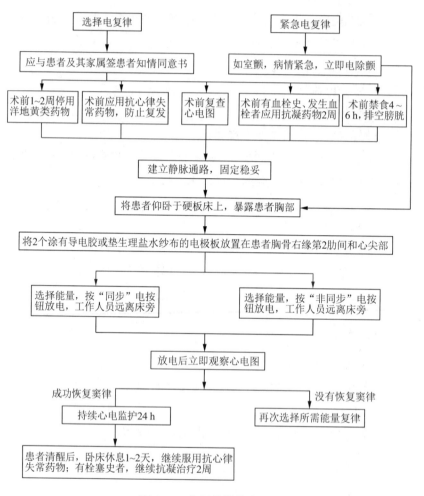

图 8-12　电复律操作流程

（沈君华　陈建荣）

第三节　窒息的急救术

一、窒息及其病因

窒息是指人体呼吸过程由于某种因素受阻或异常，导致全身各器官组织缺氧、二氧化碳潴留而引起的组织细胞代谢障碍、功能紊乱和形态结构损伤的病理状态。窒息的主要病因如下：

（一）机械性窒息

因机械作用引起呼吸障碍，如缢、绞、扼颈项部，异物堵塞呼吸道，压迫胸腹部，以及急性喉头水肿或食物吸入气管等造成的窒息。

（二）中毒性窒息

如一氧化碳中毒，大量的一氧化碳由呼吸道吸入，进入血液，与血红蛋白结合成碳氧血红蛋白，阻碍了氧与血红蛋白的结合与解离，导致组织缺氧造成中毒性窒息。

（三）病理性窒息

由机体自身疾病或病理状态引发的呼吸功能障碍，如淹溺、肺炎等引起呼吸面积减少，进而引起组织缺氧发生窒息。

（四）脑源性疾病引起的中枢性呼吸停止

脑功能障碍引起的中枢性呼吸停止。

（五）新生儿窒息及空气中缺氧导致的窒息

窒息主要表现为二氧化碳或其他酸性代谢产物蓄积引起的刺激症状和缺氧引起的中枢神经麻痹症状相交织。

二、窒息的临床表现及诊断

（一）临床表现

（1）呼吸极度困难，口唇、颜面青紫。

（2）心跳加快而微弱。

（3）处于昏迷或者半昏迷状态，发绀明显。

（4）呼吸逐渐变慢而微弱，继而不规则，直至呼吸停止。

（5）心跳随之减慢直至停止。

（6）瞳孔散大，对光反射消失。

（二）诊断

（1）表情痛苦。

（2）多有剧烈、有力的咳嗽，有典型的喘鸣音。阻塞严重致气体交换不足时，呼吸困难、明显气急、咳嗽无力，或有鸡鸣、犬吠样喘鸣音。

（3）口唇和面色发绀或苍白。

（4）神志丧失、出现昏迷。

（5）出现心搏骤停。

三、窒息现场处置的基本方法

（一）呼吸道阻塞

将昏迷患者下颌上抬或压额抬后颈部，使头部伸直后仰，解除舌根后坠，使气道畅通。然后用手指或用吸引器将患者口咽部呕吐物、血块、痰液及其他异物挖出或抽出。若异物滑入气道，可将患者置于俯卧位，用拍背或压腹的方法，拍挤出异物。

（二）颈部受扼

应立即松解或剪开颈部的扼制物或绳索。若患者呼吸停止，应立即进行人工呼吸，如患者有微弱呼吸可给予高浓度吸氧。

（三）浓烟窒息

施救者应在自己鼻、口周围绑上一条毛巾或厚布（最好是湿的），以保护自己，再拖曳窒息者离开现场。离开现场后，如果窒息者不省人事但呼吸正常，尽量保持其呼吸道通畅。若窒息者停止呼吸或呼吸困难，应尽快施行口对口人工呼吸。

（四）胸部严重损伤

将患者置于半卧位，给予吸痰及血块，保持其呼吸道通畅，给予吸氧，止痛，封闭胸部开放伤口，固定肋骨骨折，速送医院急救。

四、窒息急救的方法

（一）海姆立克手法

美国医生海姆立克（Heimlich）教授研究发现，给膈肌下软组织以突然向上的压力，进而压迫两肺的下部，驱使肺内残留气体快速进入气管，可以逐出堵在气管口的食物块或者其他异物。这种急救手法在全世界被广泛应用，拯救了无数患者。海姆立克教授也因此被誉为"世界上挽救生命最多的人"。

1. 适应证

咽喉部各种堵塞物的排除。

2. 禁忌证

海姆立克急救手法没有明确的禁忌证。

3. 急救方法

（1）成人清醒时的海姆立克急救手法（图 8-13）：施救者站于患者身后，双臂环抱患者，一手握拳，拇指侧位于患者脐上两横指处，另一手抱住握拳之手向内上用力快速冲击。重复操作，直到异物排出。

图 8-13　成人清醒时的窒息急救手法

（2）成人昏迷时的海姆立克急救手法（图 8-14）：施救者面对患者，骑跨在其大腿外侧，一手掌根放在患者肚脐上两横指处，另一手放在定位手的手背上，两手掌根重叠，利用身体重量，快速冲击压迫患者的腹部。应注意两手用力向内、向上冲击腹部，冲击时动作要显著且每一次动作间隔清楚，直至异物排出。

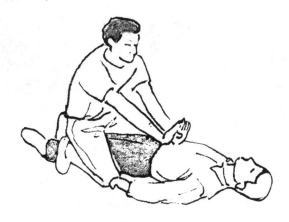

图 8-14　成人昏迷时的窒息急救手法

（3）成人海姆立克自救方法（图 8-15）：在周边无他人救援的情况下，稍稍弯下腰，靠在一固定的水平物体上（如桌子边缘、椅背、扶手栏杆等），以物体边缘压迫上腹部，快速向上冲击。重复操作，直至异物排出。

图 8-15　成人窒息现场自救方法

（4）婴幼儿海姆立克急救手法：可采用 2 种体位姿态对婴幼儿实施海姆立克急救（图 8-16）。

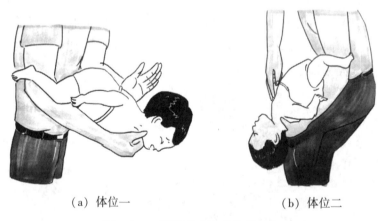

（a）体位一　　　　　　　　　　　（b）体位二

图 8-16　对婴幼儿窒息的施救手法

体位一：施救者取站（坐）位或单膝跪地，将婴幼儿俯卧于施救者一侧手臂上，手要托住婴幼儿头及下颌，使其头部低于躯干。施救者将前臂靠在自己的膝盖或大腿上，用另一手掌根部向前下方用力叩击婴幼儿背部肩胛之间，拍打 5 次，每秒 1 次。

体位二：用手固定婴幼儿头颈部，两前臂夹住婴幼儿躯干，小心地将其翻转呈仰卧位，翻转过程中，保持婴儿头部低于躯干。用两指快速冲击性按压婴幼儿两乳头连线正下方5次，每秒1次。

体位一、体位二的方法可交替使用。

（5）对有意识的孕妇或肥胖者的海姆立克急救手法（图8-17）：施救者站在患者身后，把上肢放在患者腋下，从胸部环绕，一只手握拳，拇指放在患者胸骨中线处，应注意避开剑突和肋骨下缘，另一只手抓住握拳手，向后冲击，重复操作，直至异物排出。

图8-17　对孕妇或肥胖者的施救手法

（二）环甲膜穿刺

环甲膜穿刺是急救现场或转运中对有呼吸道梗阻、严重呼吸困难的患者采用的急救方法之一。

1. 适应证

（1）急性上呼吸道梗阻（如气道异物，海姆立克手法不能解除梗阻）。

（2）喉源性呼吸困难（如白喉、喉头严重水肿等）。

（3）头面部严重外伤。

（4）气管插管有禁忌或病情紧急而需快速开放气道。

2. 禁忌证

一般无绝对禁忌证。

3. 操作方法

环甲膜位于甲状软骨和环状软骨之间，前无坚硬遮挡组织（仅有甲状腺通过），后通气管，周围无重要部位，利于穿刺。

患者取仰卧位，头后仰，局部消毒后术者用食指、中指固定其环状软骨两侧，以一粗注射针垂直刺入环甲膜。刺穿后有落空感，术者感觉阻力突然消失，回抽如有空气抽出，则穿刺成功。患者可有咳嗽等刺激症状，随即呼吸道梗阻的症状缓解。

（三）经皮扩张气管切开术

相较于在手术室进行气管切开的传统方法，经皮扩张气管切开术快速有效、简单方便。

1. 适应证

各种原因引起的喉梗阻和颈段气管阻塞，下呼吸道分泌物阻塞，呼吸功能障碍，以及特殊气管异物阻塞。

2. 禁忌证

需要紧急气管插管或气管切开时绝对禁止行经皮扩张气管切开术。相对禁忌证包括年龄较小（小于16岁），无法触及正常喉部软骨和环状软骨，甲状腺肥大，气管环钙化等。

3. 操作方法

（1）术前常规器械及药品准备：氧气、吸引器、面罩、喉镜、气管插管、气管切开包、抢救药品，予患者适当的镇静镇痛措施。

（2）患者体位：正中仰卧位，头后伸，肩部垫高，下颏、喉结、胸骨上切迹应三点一线。

（3）穿刺点：选1~3气管软骨间隙（以环状软骨为定位标志），常规消毒铺单，局部麻醉后，于穿刺点横行做一长2 cm切口至皮下。

（4）以套管加针芯穿刺气管，后接注射器，有突破感后回抽注射器，若抽得气体，证明在气管内。

（5）取出针芯，将无菌棉签棉絮放在套管口，若套管在气管内，棉絮将随患者呼吸气流飘动。经套管放入导丝，此时若患者咳嗽反射强烈则证明导丝在气管内，可给予适当镇静药物，以利于进一步操作。

（6）拔除套管，沿导丝放入扩张器，扩张皮下组织。

（7）沿导丝推下扩张器，扩张皮下组织及气管环。

（8）沿导丝置入气管套管，拔除导丝，及时吸除穿刺处痰液和血液，固定气管套管。

（9）根据术中出血情况，可适当运用止血药物。术后按照气管切开的常规护理，定时消毒、更换敷料。

（四）气管插管

见本章第六节的介绍。

（余　湛　王成龙）

第四节　创伤急救五大技术

创伤的现场急救五大技术是指创伤患者的通气技术、止血技术、包扎技术、固定技术和搬运技术。

一、通气技术

现场创伤患者的通气技术主要操作方法：

（1）使患者头后仰，颈过伸，保持气管最佳通气位置（图8-18）；

（2）清除口鼻腔、咽喉部的积血、呕吐物、异物和痰液等，保持呼吸道通畅（图8-19）。

创伤患者的通气技术中有关人工呼吸器的使用见本章第七节。

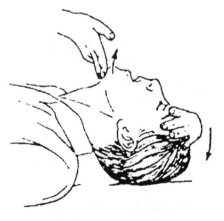

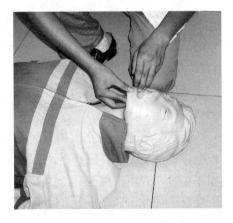

图 8-18　保持气管最佳通气位置
（患者头后仰，颈过伸）

图 8-19　保持呼吸道通畅
（清除口鼻腔、咽喉部阻塞物）

二、止血技术

正常成人全身血量占人体体重的 7%~8%。例如，体重 60 kg 的人，血量为 4200~4800 mL，若失血量 ≤10%（约 400 mL），可能有头晕、交感神经兴奋症状或无任何反应；若失血量达 20% 左右（约 800 mL），会出现失血性休克的症状，如血压下降、脉搏细速、肢端厥冷、意识模糊等；若失血量 ≥30%，会发生严重的失血性休克，若不及时抢救，短时间内可危及伤者的生命或发生严重的并发症。因此，在保证呼吸道通畅的同时，应及时准确地止血。

（一）适应证

凡有外部出血的伤口均需止血，严重出血时若不能迅速有效地止血，可能在短时间内危及生命。伤口出血大致可以分为动脉出血、静脉出血和毛细血管出血。动脉出血速度快，呈喷射状，色鲜红，血液不易凝固，需尽快控制出血。静脉出血常缓缓流出、颜色暗红，大部分静脉损伤破裂后即塌陷，故比动脉出血易控制。但深静脉也可大量出血，难以控制。毛细血管出血呈渗出性，血色鲜红，可自行凝固止血，但若伤口或创面较大，出血未及时处理，也可引起失血性休克。

（二）物品准备

无菌敷料、绷带、干净的毛巾或衣料、止血带（充气式或橡皮的）等。

（三）止血方法

1. 指压法

指压法是指用手指手掌、拳头甚至肘关节压迫伤口近心端的动脉经过骨骼表面的部位，阻断血液流动，达到临时止血的目的。

适应证：中等或较大动脉的出血，以及较大范围的静脉、毛细血管出血。

指压法属于应急止血措施，因动脉有侧支循环，故效果有限，应及时根据现场情况改用其他止血法。实施指压法止血时，应找到正确按压部位，即指压点。常用指压点及按压方法如下：

（1）头顶部出血：压迫同侧耳屏前方颧弓根的搏动点（颞浅动脉），将动脉压向颞骨（图 8-20）。

（2）颜面部出血：压迫同侧下颌骨下缘、咬肌前缘的搏动点（面动脉），将动脉压向下颌骨。

（3）头颈部出血：用拇指或其他四指压迫同侧气管外侧与胸锁乳突肌前缘中点之间的强搏动点（颈总动脉），用力压向第5颈椎横突处。压迫颈总动脉止血应慎重，严禁双侧压迫，以免引起脑缺血缺氧。

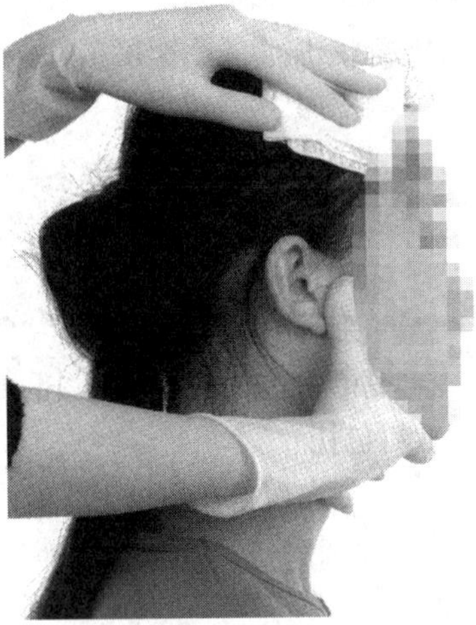

（4）头后部出血：压迫同侧耳后乳突下梢往后的搏动点（枕动脉），将动脉压向乳突。

（5）肩部、腋部出血：压迫同侧锁骨上窝中部的搏动点（锁骨下动脉），将动脉压向第1肋骨。

（6）上臂出血：外展上肢90°，在腋窝中点用拇指将腋动脉压向肱骨头。

（7）前臂出血：压迫肱二头肌内侧沟中部的搏动点（肱动脉），将动脉压向肱骨干（图8-21）。

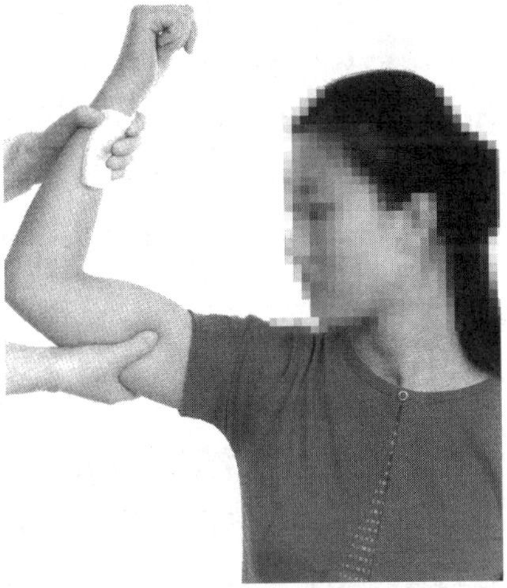

（8）手部出血：压迫手腕横纹稍上方的内、外侧搏动点（尺、桡动脉），将动脉压向尺桡骨。

（9）大腿出血：压迫腹股沟中点稍下部的强搏动点（股动脉），可用双拳或双手拇指交叠用力将动脉压向耻骨上支。

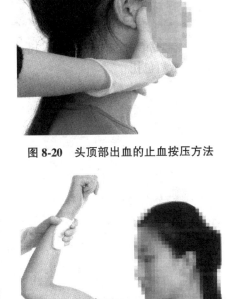

图 8-20　头顶部出血的止血按压方法

图 8-21　前臂出血的止血按压方法

（10）小腿出血：在腘窝中部压迫腘动脉。

（11）足部出血：压迫足背中部近脚腕处的搏动点（胫前动脉）和足跟内侧与内踝之间的搏动点（胫后动脉）。

2. 填塞止血法

填塞止血（图8-22），指对损伤部位组织缺损的出血，应用纱布填塞压紧，控制出血。

3. 加垫屈肢止血法

加垫屈肢止血（图 8-23），指用纱布团夹在腘窝内，屈膝绑扎以止血。

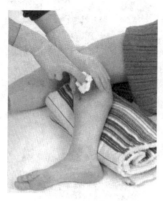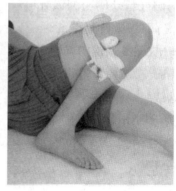

图 8-22　填塞止血　　　　　　图 8-23　加垫屈肢止血

4. 加压包扎止血法

体表及四肢出血，大多可用加压包扎和抬高肢体的方法达到暂时止血的目的。将无菌敷料或衬垫覆盖在伤口上，用手或其他物体在包扎伤口的辅料上施以压力，一般持续 5~15 min 才可奏效。同时将受伤部位抬高也有利于止血。此法适用于小动脉、中小静脉和毛细血管出血。

5. 止血带止血法

止血带止血法（图 8-24）适用于四肢较大动脉的出血，用加压包扎或其他方法不能有效止血而伤员有生命危险时，可采用此法。特制式止血带有橡皮止血带、充气式止血带等，充气式止血带效果较好。在紧急情况下，也可用绷带、三角巾、布条等代替止血带。使用止血带前，应先放好衬垫物。

（1）橡皮止血带止血法：在伤员肢体伤口的近心端，用棉垫、纱布、毛巾或衣物等作为衬垫缠绕肢体，操作者以左手的拇指、食指和中指持止血带的头端，将长的尾端绕伤肢一圈后压住头端，再绕伤肢一圈，然后用左手食指和中指夹住尾端后将尾端从两圈止血带下拉出，形成一个结。如需放松止血带，只需将尾端拉出即可。

（2）充气式止血带止血法：此法是根据血压计原理设计的，有压力表指示压力的大小，压力均匀，止血效果好。将袖带绑在伤口的近心端，充气后起到止血作用。

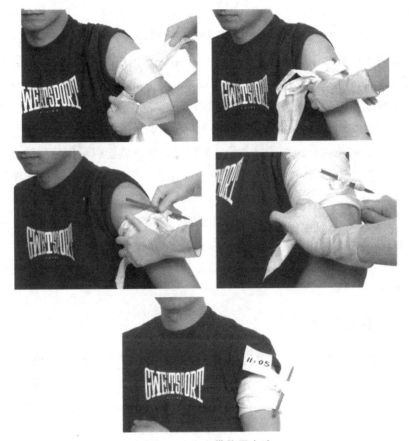

图 8-24　止血带使用方法

（四）注意事项

止血带止血法使用不当可造成神经或软组织损伤、肌肉坏死，甚至危及生命，因此应掌握使用止血带的注意事项。

（1）部位准确。止血带应扎在伤口近心端，尽量靠近伤口。不强调"标准位置"（以往认为上肢出血应扎在上臂的上 1/3 处，下肢应扎在大腿根部）的限制，也不受前臂和小腿的"成对骨骼"的限制。

（2）压力适当。止血带的标准压力为上肢 250~300 mmHg，下肢 300~500 mmHg。无压力表时，以刚好使远端动脉搏动消失、出血停止、止血带处于最松状态为宜。

（3）下加衬垫。止血带不能直接扎在皮肤上，应先用棉垫、三角巾、毛巾或衣服等平整地垫好，以防勒伤皮肤。切忌用绳索或钢丝直接扎在皮肤上。

（4）控制时间。使用止血带的时间不能超过 5 h（冬天可适当延长），这是因为止血带远端组织缺血、坏死，产生大量组胺类毒素，突然松解时，毒素被吸收，可发生"止血带休克"或急性肾衰竭。如果时间超过 5 h，且肢体确有挽救的希望时，应做深筋膜切开引流，观察肌肉血液循环。时间过长且远端肢体已有坏死征象者，应立即行截肢手术。

（5）定时放松。止血带应每隔 1 h 放松一次，放松时可用指压法临时止血，每次松开 2～3 min，再在稍高的平面扎止血带，不可在同一平面反复缚扎。

（6）标记明显。要在使用止血带的伤员手腕或胸前衣服上做明显的标记，注明扎止血带的时间，以便后续的救护人员继续处理。

（7）做好松解的准备。松解前要先补充血容量，准备好纠正休克和止血的器材。

三、包扎技术

包扎在创伤伤员的急救中应用广泛，其目的包括保护伤口，减少污染，固定敷料、药品和骨折部位，压迫止血及减轻疼痛等。包扎之前要覆盖创面，包扎松紧度要适宜，包扎部位要准确，使肢体保持功能位，打结时要避开伤口和骨隆突处。

（一）适应证与禁忌证

体表各部位的伤口除采用暴露疗法者，一般均需包扎。

厌氧菌感染、犬咬伤等需暴露的伤口，不宜包扎。

（二）物品准备

无菌敷料、绷带、三角巾、四头带或多头带、胶带、别针或夹子等。

（三）包扎方法

1. 绷带包扎

绷带是传统、实用的包扎用物。绷带包扎是包扎技术的基础，用于制动、固定敷料和夹板、加压止血、促进组织液吸收或防止组织液流失、支撑下肢以促进静脉回流。常用绷带有棉布、纱布、弹力带及石膏绷带等，宽度和长度有多种规格。缠绕绷带时，应一手拿绷带的头端并将其展平，由伤员肢体远端向近端包扎，用力均匀。为防止绷带在肢体活动时逐渐松动、滑脱，开始包扎时应先环绕 2 周，并将绷带头折回一角，在绕第二圈时将其压住，包扎完后应再在同一平面绕 2~3 圈，然后将绷带末端剪开或撕成两股打结，或用胶布固定。绷带包扎的基本方法及适用范围如下。

（1）回返式包扎法（图 8-25）：先将绷带以环形法缠绕数周，由助手在后面将绷带固定住，反折后绷带由后部经伤处顶端或截肢残端向前，也由助手在前面将绷带固定住，再反折向后，如此反复包扎，每一来回均覆盖前一次的 1/3~1/2，直至包住整个伤处顶端或截肢残端，将绷带环绕数周，最后把反折处压住固定。此法适用于头顶部、指端、截肢残端的包扎。

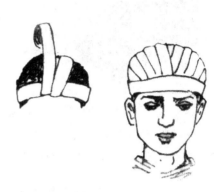

图 8-25　回返式包扎法

（2）"8"字形包扎法（图 8-26）：在伤处附近将绷带先自下而上，再自上而下，重复做"8"字形旋转缠绕，每周遮盖上一周的 1/3~1/2。此法适用于包扎直径不一致的部位或屈曲的关节部位，如腕、肩、髋、膝等。

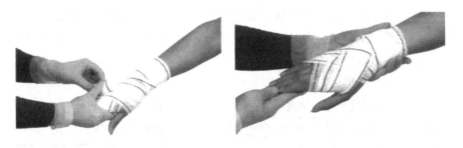

图 8-26　"8"字形包扎法

（3）螺旋包扎法（图 8-27）：先环形缠绕数周，然后稍微倾斜，螺旋向上缠绕，每周遮盖上一周的 1/3~1/2。此法适用于包扎直径基本相同的部位，如上臂、手指、躯干、大腿等。

（4）螺旋反折包扎法（图 8-28）：每圈缠绕时均将绷带向下反折，并遮盖上一周的 1/3~1/2，反折部位应位于相同部位，使之成一直线。此法适用于包扎直径大小不等的部位，如前臂、小腿等。注意不可在伤口上或骨隆突处反折。

图 8-27　螺旋包扎法　　　　　　图 8-28　螺旋反折包扎法

（5）环形包扎法（图 8-29）：将绷带做环形缠绕，适用于包扎的开始与结束，以及包扎粗细均匀的部位，如颈、腕、胸、腹等处。

图 8-29　环形包扎法

（6）蛇形包扎法：先用绷带以环形法缠绕数周，然后以绷带宽度为间隔，斜行上缠，各周互遮 1/3。此法适用于夹板固定，需由一处迅速延伸至另一处，或做简单固定时。

2. 三角巾包扎

三角巾的用途较多，可折叠成带状包扎较小伤口或作为吊带，可展开或折成燕尾巾包扎躯干或四肢的较大伤口，也可将两块三角巾连接在一起包扎更大范围的创面。进行三角巾包扎前，应先在伤口上垫敷料，再进行包扎。此法适用于现场急救。

1）头面部伤的包扎

（1）头顶包扎法：三角巾底边反折，正中放于伤员前额处，顶角经头顶垂于枕后，然后将两底角经耳上向后扎紧，在枕部交叉，再经耳上绕到前额打结。最后将顶角向上反折嵌入底边内。

（2）风帽式包扎法：在顶角、底边中点各打一结，将顶角结放在额前，底边结置于枕后，然后将两底边拉紧并向外反折数道，交叉包绕下颌部后绕至枕后，在预先做成的底边结上打结。

（3）面具式包扎法：三角巾顶角打结套在颌下，罩住面部及头部，将两底边两端拉紧至枕后交叉，再绕回前额打结。在眼、鼻、口部各剪一小口。

（4）额部包扎法（图8-30）：将三角巾折成约4指宽的带状，将中段放在覆盖伤口的敷料上，然后环绕头部，打结位置以不影响睡眠和不压住伤口为宜。

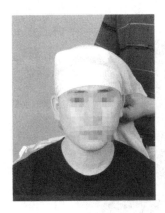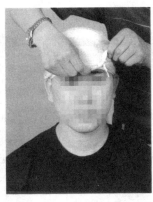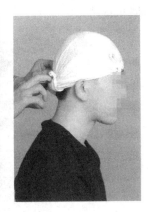

图8-30 额部包扎法

（5）眼部包扎法：包扎单眼时，将三角巾折成约4指宽的带状，再将2/3的长度向下斜放覆盖伤眼，下侧较长的一端从耳下绕至枕后，经健侧耳上至前额，压住上端，绕头一周至前侧颞部，与上端打结。包扎双眼时，可将上端反折向下，盖住另一伤眼，再经耳下至对侧耳上打结。

（6）耳部包扎法：将三角巾折成约5指宽的带状，包扎单耳时，从枕后向前上绕行，将伤耳包住，另一端经前额至健侧耳上，两端交叉于头的一侧打结。包扎双耳时，将带子的中段放于枕后，两端均斜向前上绕行，将两耳包住，在前额交叉，以相反方向环绕头部并打结。

（7）下颌部包扎法：将三角巾折成约4指宽的带状，留出顶角上的带子，置于枕后，两端分别经耳下绕向前，一端托住下颌，至对侧耳前与另一端交叉后在耳前向上绕过头顶，另一端交叉向下绕过下颌经耳后拉向头顶，然后两端和顶角的带子一起打结。此方法亦可用于下颌骨骨折的临时固定。

2）肩部伤的包扎

（1）单肩燕尾巾包扎法（图8-31）：将三角巾折成燕尾巾，再将夹角朝上放于伤侧肩上，燕尾巾底边包绕上臂上部打结，两角（向后的角大于向前的角并压住前角）分别经胸部和背部拉向对侧腋下打结。

（2）双肩燕尾巾包扎法：将三角巾叠成两燕尾角等大的燕尾巾，夹角向上对准颈部，燕尾披在肩上，两燕尾角分别经左、右肩拉到腋下与燕尾底角打结。

图8-31　单肩燕尾巾包扎法

3）胸（背）部伤的包扎

（1）胸部三角巾包扎法（图8-32）：将三角巾顶角越过伤侧肩部，垂于背后，使三角巾底边中央位于伤部下方，底边反折约2横指，两底角拉至背后打结，再将顶角上的带子与底角结打在一起。

图8-32　胸部三角巾包扎法

（2）胸部燕尾巾包扎法：将三角巾折成燕尾巾，并在底边反折一道，横放于胸部，两角向上，分别放于两肩上并拉到颈后打结，再将顶角带子绕至对侧腋下打结。

包扎背部的方法与胸部相同，只是位置相反，结打在胸前。

4）腹部及臀部伤的包扎

（1）腹部三角巾包扎法：将三角巾顶角朝下，底边横放于上腹部，两底角拉紧于腰部打结，顶角带子经会阴拉至后面，同两底角的余头打结。此方法也可用于双臀包扎。

（2）双臀蝴蝶结包扎法（图8-33）：用两块三角巾连接成蝴蝶巾，将打结部放在腰骶部，底边的上端在腹部打结后，下端由大腿后方绕向前，与各自的底边打结。

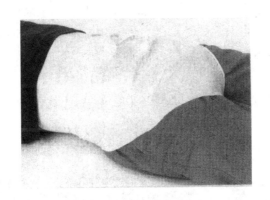

图 8-33　双臀蝴蝶结包扎法

5）四肢伤的包扎

（1）上肢三角巾包扎法：将三角巾一底角打结后套在伤侧手上，结的余头留长些备用，另一底角沿手臂后方拉至对侧肩上，顶角包裹伤肢后，顶角带子与自身打结，将包好的前臂屈到胸前，拉紧两底角打结。

（2）手（足）三角巾包扎法（图8-34）：将手（足）放在三角巾上，手指（或脚趾）对准顶角，将顶角折回盖在手背（或足背）上，折叠手（足）两侧的三角巾使之符合手（足）的外形，然后将两底角绕腕（踝）部打结。

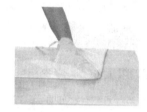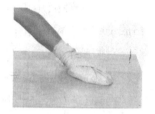

图 8-34　手三角巾包扎法

（3）足与小腿三角巾包扎法：将足放在三角巾的一端，足趾朝向底边，提起顶角和较长的一个底角包绕小腿后于膝下打结，再用短的底角包绕足部，于脚踝处打结。

（4）上肢悬吊包扎法：将三角巾底边的一端置于健侧肩部，屈曲伤侧肘80°左右，将前臂放在三角巾上，然后将三角巾向上反折，使底边另一端到伤侧肩部，在颈后与另一端打结，将三角巾顶角折平打结或用安全别针固定，此为大悬臂带。也可将三角巾叠成带状，悬吊伤肢，两端于颈后打结，即为小悬臂带。

（5）膝（肘）部三角巾包扎法（图 8-35）：将三角巾折成适当宽度（以能覆盖伤口大小为宜）的带状，将带子的中段放于膝（肘）部，取带子的两端环绕肢体一周并分别压在上、下两边，避免在伤口处打结。

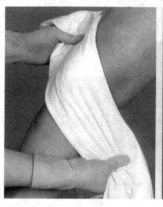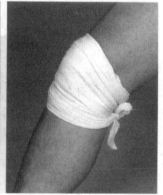

图 8-35　膝部三角巾包扎法

3. 网套包扎

网套头部包扎见图 8-36，网套手部包扎见图 8-37。

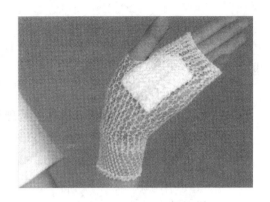

图 8-36 网套头部包扎   图 8-37 网套手部包扎

（四）注意事项

（1）包扎伤口前，先简单清创并盖上消毒敷料，再行包扎。禁止用手或脏物触摸伤口，禁止用水冲洗伤口（化学伤除外），禁止轻易取出伤口内异物，禁止把脱出体腔的内脏回纳。操作时小心谨慎，以免加重疼痛或导致伤口出血及感染。

（2）包扎要牢固，松紧度适宜，过紧会影响局部血液循环，过松易导致敷料脱落或移动。

（3）包扎时伤员要取舒适体位，伤肢保持功能位。皮肤皱褶处与骨隆突处要用棉垫或纱布做衬垫。需要抬高肢体时，应给予适当的扶托物。

（4）包扎方向应从远心端包向近心端，以帮助静脉血液回流。包扎四肢时，应将指（趾）端外露，以便观察血液循环。

（5）用绷带固定时应将结打在肢体外侧面，严禁将结打在伤口上、骨隆突处或易于受压的部位。

（6）解除绷带时，先解开固定结或取下胶布，然后以两手互相传递松解。紧急时或绷带已被伤口分泌物浸透时，可用剪刀剪开。

四、固定技术

创伤急救过程中及时、正确的固定措施有助于降低受伤部位的活动性，减轻疼痛，预防休克，避免神经、血管、骨骼及软组织的再损伤，便于伤员的搬运。

（一）适应证

所有四肢骨折均应实施固定处理，脊柱骨折、骨盆骨折在急救过程中也应采取相应的固定措施。

（二）固定原则

（1）检查伤者意识、呼吸、脉搏，处理严重出血。

（2）用绷带、三角巾、夹板固定受伤部位。

（3）夹板的长度应能将骨折处的上、下关节一同加以固定。

（4）若骨折断端暴露，不要拉动，不要送回伤口内。

（5）暴露肢体末端，以便观察血运。

（6）固定伤肢后，应将伤肢抬高。

（7）如现场存在对生命安全构成威胁的因素，要将伤者移至安全区域再固定。

（8）预防休克。

（三）固定操作要点

（1）置伤者于适当位置，就地施救。

（2）夹板与皮肤、关节、骨突隆处加衬垫，固定时操作要轻柔。

（3）先固定骨折的上端，再固定下端，绑带不要系在骨折处。

（4）若前臂、小腿部位骨折，尽可能在损伤部位的两侧放置夹板固定，以防止肢体旋转并避免骨折断端相互接触。

（5）固定后，上肢呈屈肘位，下肢呈伸直位。

（6）应露出指（趾）端，便于检查末梢血运。

（四）物品准备

最理想的固定器材是夹板，包括木制、金属类、充气性塑料夹板或树脂做的可塑性夹板。紧急情况下注意因地制宜、就地取材，可选用树枝、竹板、木棒、镐把等代替。还可利用伤员的健侧肢体或躯干部位进行临时性固定。固定时还需另备纱布、绷带、三角巾或毛巾、衣物等。

（五）固定方法

1. 颈椎及脊椎、头部固定

颈椎固定方法见图 8-38，脊椎、头部固定方法见图 8-39。

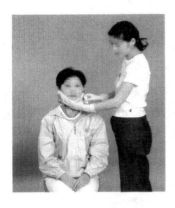

图 8-38 颈椎固定

图 8-39 脊椎、头部固定

2. 上臂骨折固定

若用一块夹板，则将夹板置于上臂外侧；若用两块夹板，则将夹板分别置于上臂的后外侧和前内侧。然后用两条绷带固定骨折的上、下端，使肘关节屈曲90°，用上肢悬吊包扎法将上肢悬吊于胸前。若无夹板，可用两条三角巾，一条用于将上臂呈90°悬吊于胸前，另一条用于固定伤肢上臂与胸部。（图 8-40）

3. 前臂骨折固定

协助伤员将伤肢屈曲90°，使其拇指在上。取两块夹板，其长度为肘关节外侧至指尖的长度，分别置于前臂内、外侧，用三条绷带固定骨折上下端和手掌部，再用大悬臂带将上肢悬吊于胸前。若仅有一块夹板，可置于前臂外侧（图 8-41）。若无夹板，也可采用上臂无夹板固定的方法。

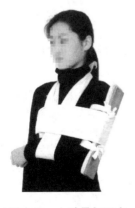

图 8-40 上臂骨折固定

图 8-41 前臂骨折固定

4. 大腿骨折固定

用长、短两块夹板分别置于大腿的外侧和内侧，长夹板的长度自腋下至足跟，短夹板的长度自大腿根部至足跟。在骨隆突处、关节处和空隙处加衬垫，然后用绷带分别在骨折上下端、腋下、腰部和关节上下打结固定，足部用"8"字形包扎法固定，使脚与小腿呈直角功能位（图8-42）。若无夹板，也可将伤员两下肢并紧，中间加衬垫，将健侧肢体与伤肢分段固定在一起。

图8-42　大腿骨折固定

5. 小腿骨折固定

取两块长度约为大腿根部至足跟距离的夹板，分别置于小腿内、外侧，在骨隆突处、关节处和空隙处加衬垫，然后用绷带分别在骨折上下端和关节上下打结固定，足部呈"8"字形固定，使脚与小腿呈直角功能位。若无夹板，也可采用大腿无夹板固定的方法。

（六）注意事项

（1）若有伤口和出血，应先止血和包扎，再行骨折固定。若伤员休克，应先行抗休克处理。

（2）在处理开放性骨折时，刺出的骨折断端在未经清创时不可回纳至伤口内，以防感染。

（3）夹板固定时，其长度与宽度要与骨折的肢体相适应。下肢夹板长度必须超过骨折上、下两个关节，即遵循"超关节固定"原则：固定时除骨折部位上、下两端外，还要固定上、下两个关节。

（4）夹板不可直接与皮肤接触，其间要加衬垫，尤其是夹板两端、骨隆突处和悬空部位应加厚垫，以防局部组织受压或固定不稳。

（5）固定应松紧适度、牢固可靠，但不影响血液循环。若肢体骨折，一定要将指（趾）露出，以便随时观察末梢血液循环情况，如发现指（趾）端苍白、发冷、麻木、疼痛、水肿或青紫，说明血液循环不良，应松开重新固定。

（6）固定后避免不必要的搬动，不可强制伤员进行各种活动。

五、搬运技术

伤员搬运是创伤急救中的关键技术之一，其目的是使伤员迅速脱离危险地带，避免再次受伤。搬运伤员的方法应根据当地、当时的器材和人力而定。

（一）适应证

适用于转移活动受限的伤员。

（二）搬运护送原则

（1）观察受伤现场并判断伤员伤情。

（2）做好伤员现场的救护，先救命后治伤。

（3）止血、包扎、固定后再搬运。

（4）伤员体位要适宜。

（5）不要无目的地移动伤员。

（6）保持伤员脊柱及肢体在一条轴线上，防止损伤加重。

（7）动作要轻巧、迅速，避免不必要的震动。

（8）注意伤员伤情变化，并及时处理。

（三）搬运操作要点

（1）现场救护后，要根据伤员的伤情轻重和特点采取搀扶、背运、双人搬运等措施。

（2）疑有脊柱、骨盆、双下肢骨折时，不能让伤员试行站立。

（3）疑有肋骨骨折时，不能采取背运的方法。

（4）若伤员伤势较重，昏迷，内脏损伤，脊柱、骨盆、双下肢骨折，应采用担架器材搬运的方法。

（5）现场如无担架，应制作简易担架，但需特别注意搬运禁忌证。

（四）物品准备

担架是搬运伤员的专用工具，但在紧急情况下，应徒手搬运或临时制作替代工具，不可因寻找搬运工具而延误救治。

（五）搬运方法

1. 担架搬运法

担架搬运法（图8-43）是最常用的搬运方法，适用于伤员病情较重、转运路途较长的情况。常用的担架有帆布担架、板式担架、铲式担架、四轮担架，以及自制的临时担架（如绳索担架、被服担架）等类型。担架搬运法的动作要领：3~4人一组，将伤员移上担架；患者头部向后，足部向前，以便后面的担架员随时观察伤员病情变化，搬运者脚步动作要一致，平稳前进；向高处抬时，前面的搬运者要放低，后面的搬运者要抬高，使伤员保持水平状态，向低处抬时则相反。

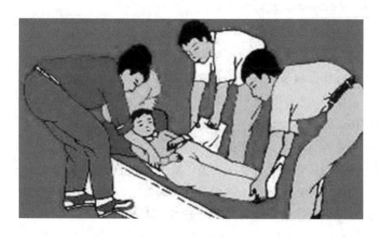

图8-43　担架搬运法

2. 徒手搬运法

适用于现场无担架、转运路途较近、伤员病情较轻的情况。

（1）单人搬运法。①侧身匍匐法：根据伤员的受伤部位，采用左侧或右侧匍匐法。搬运时，使伤员的伤部向上，保持伤员的头部和上肢不与地面接触，搬运者携伤员匍匐前进。②扶持法：搬运者站在伤员一侧，使伤员靠近自己并用手臂揽住搬运者的头颈，搬运者一手牵伤员的手腕，另一手扶持伤员的腰背部，扶其行走（图8-44a）。该法适用于搬运伤情较轻、能够行走的伤员。③ 抱持法：搬运者站在伤员一侧，一手托其背部，一手托其大腿，将伤员抱起，有知觉的伤员可配合抱住搬运者的颈部（图8-44b）。④ 背负法：搬运者站在伤员一侧，一手抓紧伤员双臂，另一手抱其腿，用力翻身，使伤员负于搬运者的背上，然后慢慢站起（图8-44c）。

（a）扶持法　　　　（b）抱持法　　　　（c）背负法

图 8-44　单人搬运法

　（2）双人搬运法。① 椅托式搬运法：一人以左膝，另一人以右膝跪地，各用一手伸入伤员的大腿下并握紧，另一手彼此交叉支持伤员的背部，慢慢将伤员抬起（图8-45）。② 拉车式搬运法：一人站在伤员的头侧，以两手插至伤员的腋下，将伤员抱在怀里，另一人跨在伤员两腿之间，抬起伤员的双腿，两人同方向、步调一致抬伤员前行。③ 平抬或平抱搬运法：两人并排将伤员平抱，或者一左一右、一前一后将伤员抬起，注意此法不适用于脊柱损伤者。

图 8-45　双人搬运法

（3）多人搬运法。若有多人，可并排将伤员抱起，并步调一致向前，一人可负责固定伤员头部，或可面对面将伤员平抱进行搬运（图8-46）。

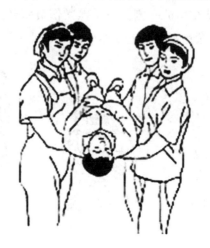

图8-46 多人搬运法

（六）特殊伤员搬运方法

1. 腹部内脏脱出的伤员

将伤员双腿屈曲，使腹肌放松，防止内脏继续脱出。已脱出的内脏严禁回纳腹腔，以免加重感染。先用大小合适的替代物扣住内脏或取腰带做成略大于脱出物的环，围住脱出的内脏，然后用腹部三角巾包扎法包扎。包扎后将伤员置于仰卧位，下肢屈曲，并注意腹部保暖，以防肠管过度胀气，然后再行担架或徒手搬运。

2. 昏迷伤员

使伤员侧卧或俯卧于担架上，头偏向一侧，以利于呼吸道分泌物流出。

3. 盆骨损伤的伤员

先用三角巾或大块包扎材料对盆骨做环形包扎，然后让伤员仰卧于硬质担架或门板上，膝微屈，膝下加垫。

4. 脊柱、脊髓损伤的伤员

搬运此类伤员时，应使其脊柱保持伸直，严禁颈部与躯干前屈或扭转。对于颈椎伤的伤员，一般由4人一起搬运，1人专管头部的牵引固定，保持头部与躯干成一条直线，其余3人蹲于伤员的同一侧，2人托躯干，1人托下肢，4人一起将伤员抬起放在硬质担架上，伤员头部两侧需用沙袋固定住，并用带子分别将伤员胸部、腰部、下肢与担架固定在一起。对于胸、腰椎损伤的伤员，可由 3 人于伤员身体一侧搬运，方法与颈椎损伤伤员的搬运方法相同。

5. 身体带有刺入物的伤员

对于此类伤员，应先包扎伤口，妥善固定好刺入物后，方可搬运。搬运途中避免震动、挤压、碰撞，防止刺入物脱出或继续深入。刺入物外露部分较长时，应有专人负责保护。

（张利远　季建峰）

第五节　快速畅通气道

临床上迅速造成缺氧的原因多为呼吸道阻塞，严重创伤患者急诊气道阻塞最主要的特点是紧急性和不可预期性。淹溺者在溺水过程中可能遭受多种因素所致的创伤，多出现呼吸道原发损伤（即呼吸道结构完整性被破坏）、气道异物阻塞、缺氧致心跳呼吸停止、意识障碍继发气道梗阻等。只有充分开放气道，才能进行有效通气，因此气道情况评估是淹溺者急救的第一步，必须检查患者气道是否开放或者是否存在隐患。

一、适应证

气道异物阻塞、气道痉挛、意识障碍、脊髓受损继发气道梗阻或心跳呼吸停止等需要建立辅助通气的患者。

二、禁忌证

（1）喉部断裂、气管穿透性损伤，或颈部有广泛的软组织损伤者。

（2）使用口咽通气导管的禁忌证：① 口腔及上下颌骨创伤；② 咽部气道占位性病变；③ 喉头水肿、气管内异物未取出、哮喘发作、咽反射亢进；④ 门齿有折断或脱落的风险，且现场无法采取有效保护措施；⑤ 频繁呕吐。

三、操作步骤

（1）将患者置于平坦处，查看患者有无除溺水以外的其他损伤，判断患者神志、呼吸、脉搏，评估患者是否需要采用手法开放气道。

（2）松解患者衣领、腰带及其他束缚胸腹部的衣物。

（3）查看患者口鼻腔是否有异物（包括假牙或松动脱落的牙齿），根据需要清理口鼻腔异物和分泌物，方法包括用手抠出、持物钳夹取、电动吸引等。

（4）开放气道：意识障碍的患者常由于舌根后坠而致下咽部被阻塞，一般采用压额抬颏法或双手抬颏法纠正。这两种气道开放手法建议由双人完成，对于尚未明确是否存在颈椎损伤的患者，可避免导致或加重颈椎损伤。

① 压额抬颏法：一名操作者用双手固定患者颈部，另一名操作者一手固定患者额头，另一手用大拇指以外的四指抵住患者下颏向上推举（图 8-47）。

② 双手抬颏法：一人可用双手固定患者颈部，另一人站在患者头端，双手大拇指分别置于患者口角两侧，其余四指分别抵住患者两侧下颌角关节处向上推举（图 8-48），这种手法须防止颈部过度伸展。

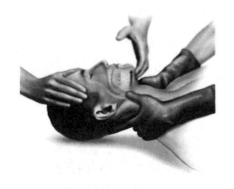 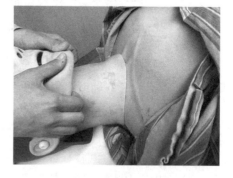

图 8-47　压额抬颏法　　　　　　图 8-48　双手抬颏法

对于确定排除颈椎损伤的患者，且仅有一名操作者进行手法气道开放时，也可行常用的单人气道开放手法，如头部后屈法、仰头抬颏法（图 8-49）。

（a）头部后屈法　　（b）仰头抬颏法

图8-49　单人气道开放手法

（5）使用口咽通气导管或鼻咽通气导管进行维持气道开放操作。口咽通气导管置入时最好使用压舌板，从患者舌头后面将口咽通气导管倒转插入，直至到达患者的软腭部位，再旋转导管180°，沿舌面上滑至口腔，前端超过舌根部（图8-50）。此法不适用于儿童。

图8-50　口咽通气导管置入示意图

四、注意事项

（1）采用手法开放气道前，应充分清理呼吸道。淹溺者口鼻腔中可能有淤泥、水草等异物，如未充分清理，则易导致气道打开时异物下滑，加重气道异物阻塞。因此，在采用手法开放气道前，须快速检查患者的口鼻腔，充分清理可见异物（包括假牙）。

（2）在未能排除颈椎损伤可能的情况下，不能将患者头偏向一侧清理气道。

（3）固体形态的堵塞物可采用器具钳夹取。

（4）使用电动负压吸引法清除气道异物时，应考虑吸引管管径足以吸引出性状稠厚的气道堵塞物，根据需要适当增加吸引压力。

（5）采用合理的手法开放气道，注意保护颈椎。在溺水救援现场，很难在短时间内准确判断患者在水下的受伤情况，不能确定患者是否有颈椎损伤时，应采取双人气道开放手法，充分保护颈椎，且不宜长时间采用手法维持气道开放，应尽快使用可视喉镜建立高级人工气道。

（6）可尽早置入胃管引流胃内容物或使用口咽通气导管进行气道保护，但对于面部严重毁损的患者，在置入胃管或口咽通气导管时需谨慎，防止加重口鼻腔损伤，甚至胃管误入颅内，建议由经验丰富的急救医生充分探查口鼻腔后执行置管操作。

（7）使用口咽通气导管要选择合适的型号，导管长度以患者口角至耳垂或下颌角的距离为基准（图 8-51）。选择原则是宁长勿短、宁大勿小。

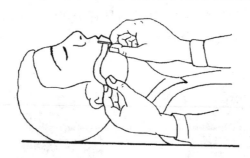

图 8-51　口咽通气导管尺寸测量示意图

（8）使用口咽通气导管时，切忌动作粗暴，不可将患者舌头推向后方，这样会进一步阻塞气道，而不是打开气道。

（刘　颖　张　鹏）

第六节　气管插管技术

气管内插管是指通过口腔或鼻腔将特制的气管导管插入气管内，达到呼吸管理的目的。气管插管后可以起到以下作用：

（1）保护气道，气管导管套囊充气后，可将套囊上、下的气道完全分隔，防止口腔内的物质（液体或固体）、胃反流物或其他物质误入气道，保证呼吸道通畅；

（2）保持气道开放，这对于上呼吸道梗阻的患者尤其重要；

（3）实施人工通气，对自主呼吸受到抑制或呼吸功能严重受损、依靠自主呼吸不能维持正常血氧饱和度的患者，可以通过气管插管进行呼吸治疗，改善氧合状态。

一、适应证

（1）需保护气道，维持气道通畅者，如昏迷者、需心肺脑复苏者、全身麻醉者；

（2）防止误吸；

（3）机械通气；

（4）新生儿窒息等；

（5）气管塌陷；

（6）呼吸道良性梗阻。

二、禁忌证

（1）喉头水肿、急性喉炎、喉头黏膜下血肿时，除非急救，否则为气管插管禁忌证；

（2）对有胸主动脉瘤压迫气管（常使受压气管壁菲薄脆弱，插管时有可能损伤动脉瘤壁而致出血）以及严重出血倾向的患者，应极其谨慎地进行气管插管，尽量挑选柔软稍细的导管，轻柔操作，避免呛咳、挣扎，平顺地完成气管插管；

（3）对插管基本知识和技能未掌握者，以及设备不完善时。

三、操作步骤

（1）摆放体位：患者取仰卧位，用压额抬颏法，以寰枕关节为转折点使其头部尽量后仰，以使镜片和气管在一条直线上。

（2）面罩通气给氧：非紧急情况下，使用简易呼吸器面罩加压给氧2次后交予助手，给患者吸100%纯氧2~3 min，使患者的血氧饱和度保持在95%以上，插管时暂停通气。

（3）准备导管：选择相应规格的气管导管，用注射器检查充气套囊是否漏气，在导管内放入导丝并塑形，在气管导管前端和套囊处涂润滑油。

（4）准备喉镜：气管导管准备好后，选择形状和大小合适的喉镜镜片，检查光源后关闭，放置备用。

（5）准备牙垫、固定胶布和听诊器，吸引器连接吸痰管放置于床旁备用。

（6）暴露声门：打开喉镜，操作者用右手拇指、食指拨开患者上下齿及口唇，左手紧握喉镜柄，把镜片送入患者口腔的右侧向左推开舌体，以避免舌体阻挡视线，切勿使口唇压在镜片与牙齿之间，以免造成损伤。然后缓慢地把镜片沿中线向前推进，暴露患者的咽部、悬雍垂和会厌，镜片可在会厌和舌根之间，挑起会厌，暴露声门。

（7）插入气管导管：操作者用右手从患者右口角处将气管导管沿着镜片插入口腔，并对准声门送入气管内，请助手协助将导丝拔除，继续将导管向前送入一定深度，插管时导管尖端距门齿通常在 21～23 cm，注意气管导管不可送入过深，以防其进入单侧主支气管造成单侧通气。操作过程中如认为声门暴露不满意，可请助手从颈部向后轻压喉结，或向某一侧轻推，以取得最佳视野。

（8）确认导管位置：给导管气囊充气后，立即请助手用简易呼吸器通气，在通气时观察患者双侧胸廓有无对称起伏，并用听诊器听诊双肺尖，确定双肺呼吸音对称与否，判断气管导管的位置是否正确。

（9）固定导管：放置牙垫后将喉镜取出，用胶布以"8"字形法将牙垫和气管导管固定于面颊。

四、注意事项

（1）准备用物：喉镜、镜片、10 mL 注射器（1 副），型号适合的气管导管、导芯、润滑剂、牙垫、简易呼吸器、听诊器，胶布（剪下 2 条，各 30 cm 左右）、氧气装置及吸引器（连接完好），备呼吸机 1 台。

（2）动作轻柔，以免损伤牙齿。待声门开启时再插入导管，避免导管与声门相顶，以保护声门及后部黏膜，避免喉头水肿的发生。

（3）防止牙齿脱落误吸。术前应检查患者有无义齿和已松动的牙齿，若有，则将其取出或摘掉，以免在插管时损伤或不小心致其脱落滑入气道，引起窒息而危及生命。

（4）防止气囊滑脱。如果气囊固定在导管上，一般不会滑脱。但如果导管与气囊分开，则易滑脱。因此，应选择与导管相匹配的气囊，并用丝线捆扎在导管上，防止其滑脱落入气道，造成严重的后果。

（5）检查导管的位置。一般气管插管后或机械通气后应常规行听诊器听诊，特殊情况不能确定的可以进行 X 线检查，以确定导管位置。

（6）防止插管意外。气管插管时，尤其是在挑起会厌时，由于迷走神经反射，有可能造成患者的呼吸、心搏骤停，生命垂危或原来有严重缺氧、心功能不全的患者更容易发生。因此，插管前应向患者的家属交代清楚，取得理解和配合。插管时应充分吸氧，并进行监测，备好急救药品和器械。

（顾　鹏　李　峰）

第七节　简易呼吸器的使用

简易呼吸器是一种人工呼吸辅助装置（图 8-52），它由单向阀控制，通过人工挤捏球囊，经面罩或人工气道向人体肺部输送气体。简易呼吸器携带和使用方便，有无氧源均可立即通气，解决了救援人员进行口对口人工呼吸时可能引发交叉污染和操作不便的问题，可减轻救援人员的压力，且通气效果优于口对口人工呼吸。

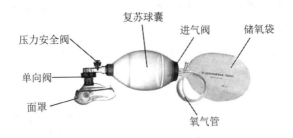

压力安全阀　　复苏球囊　　进气阀　　储氧袋
单向阀
面罩　　　　　　　　　　　　氧气管

图 8-52　简易呼吸器构造示意图

一、适应证

主要用于救援现场及转运途中，临时替代呼吸机进行人工辅助通气。

二、禁忌证

（1）未经减压引流的张力性气胸、大量胸腔积液、肺大疱；

（2）急性心肌梗死；

（3）面部骨折或创伤；

（4）中等量以上的活动性咯血；

（5）低血容量性休克患者未补充血容量前；

（6）严重误吸引起的窒息性呼吸衰竭患者尚未解除气道梗阻前。

三、操作步骤

（1）物品准备：选择合适的面罩，以便获得最佳使用效果。外接氧气时，应调节氧流量至氧气储气袋充满氧气（氧流量 8~10 L/min）。

（2）患者准备：患者仰卧，取去枕、头后仰体位。对于淹溺患者，应迅速清除其口鼻腔中的污水、污物、分泌物以及假牙等其他异物，松解衣领，采用手法开放气道，保持呼吸道通畅。

（3）设备准备：淹溺者在溺水过程中常常有大量的水进入肺泡，如给予简易呼吸器辅助通气后血氧饱和度仍不易改善，需警惕存在急性呼吸窘迫综合征（ARDS），需要增加送气压力以增强氧气在肺泡表面的弥散能力，此时应将简易呼吸器的安全压力阀关闭，以增加送气压力。压力安全阀打开的作用：使送气压力自动调整在安全范围（40~60 cmH$_2$O），当压力>60 cmH$_2$O，气体会自动排出，防止引发气压伤，但不能满足淹溺者急救时对送气压力的需求。

（4）操作方法：分为单人操作法和双人操作法（图 8-53），双人操作法的通气效果优于单人操作法。

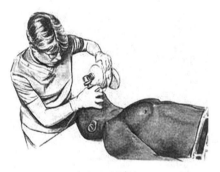

（a）EC 手法　　　　　　　　　　　　（b）双 EC 手法

图 8-53　简易呼吸器的使用

① 单人操作法（EC 手法）：操作者位于患者头部的后方，将患者头部向后仰，并托牢下颌使其朝上，保持气道通畅；将面罩扣在患者口鼻处，用一手拇指和食指呈"C"形按压面罩；中指和无名指放在下颌下缘，小指

放在下颌角后面，形成"E"形，保持面罩适度密封，用另一只手均匀地挤压球囊。

② 双人操作法（双 EC 手法）：由一名操作者站在患者头部后方负责固定或按压面罩，方法是分别将双手的拇指和食指放于面罩的主体，中指和无名指放在下颌下缘，小指放在下颌角后面，将患者下颌向前拉，伸展患者头部，畅通气道，保持面罩适度密封；另一名操作者站在侧边挤压球囊。

（5）操作规范：规律挤捏呼吸球囊，送气时间为 1 s，将气体送入肺中，待球囊重新膨胀后再开始下一次挤压，保持适宜的吸气/呼气时间，选择适当的呼吸频率。

美国心脏协会心肺复苏指南建议：

① 成人患者如果有脉搏，每 5~6 s 给予 1 次呼吸（10~12 次/min）；如果没有脉搏，应采用 30∶2 的按压-通气比例；如果建立了高级气道，持续胸外心脏按压，每 6 s 进行一次人工通气（即每分钟通气 10 次）。

② 儿童患者如果没有脉搏，应采用 15∶2 的按压-通气比例；如果患儿有脉搏或建立了高级人工气道，每 2~3 s 给予一次人工通气（即每分钟通气 20~30 次）。

③ 如果患者尚有微弱呼吸，应注意使挤压球囊的频次与患者呼吸协调，尽量在患者吸气时挤压球囊，避免在患者呼气时挤压球囊。

四、注意事项

（1）选择适宜通气量：挤压球囊时应根据球囊容量及患者年龄、体质等选择，一般成人通气量为 400~600 mL，挤捏呼吸囊的 1/3~2/3 为宜；儿童的通气量为 10 mL/kg，见到胸廓起伏即可。

（2）勿时快时慢，影响通气血流比例，成人每次送气时间为 1 s，吸呼比一般为 1∶（1.5~2）。

（3）使用时间不宜过长，受人为因素的影响，尤其是单人急救时，如果长时间使用，面罩不能持续与面部紧密贴合，易使通气量不足，必须及时行气管插管建立高级气道。

（4）面罩大小应合适，儿童最好不要使用成人面罩及呼吸器。

（5）注意病情变化，使用简易呼吸器的过程中，应密切监测患者胸腹起伏情况、皮肤颜色、听诊呼吸音、生命体征、血氧饱和度及自主呼吸恢

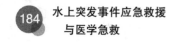

复情况，评估通气效果。

（6）氧源不足或无氧源时，应取下储氧袋和氧气连接管，以充分利用环境中的空气；有氧源时，要使用储氧袋，且氧流量至少为 8~10 L/min，可使氧浓度达 99%。

（7）对清醒患者要做好心理护理和解释工作，减轻患者恐惧感，使其配合。

（8）患者气道有明显分泌物时应及时吸引，保证气道畅通，改善通气效果。

（刘　颖　陈建荣）

第八节　氧气吸入

氧气吸入是指用各种方法使患者吸入氧浓度高于环境氧浓度（21%）的气体，从而提高肺泡内氧分压，改善并纠正低氧血症的一种治疗措施，通常其被认为是一种良性疗法。

氧气吸入方式分为无创给氧和有创给氧。无创给氧方式包括鼻塞给氧、面罩给氧、储氧面罩和文丘里面罩给氧、经鼻高流量湿化氧疗等，均为临床常用的给氧方式；有创给氧方式包括鼻导管给氧、经人工气道内给氧以及人工气道连接辅助通气设施等，其中鼻导管给氧由于对鼻黏膜刺激较大，目前临床已不常用。

一、适应证

各种原因造成机体缺氧的患者，包括呼吸系统疾病患者、心脏功能不全患者、中毒患者、中枢抑制而引起缺氧者、术后患者等；淹溺者普遍有吸氧适应证。

二、禁忌证

百草枯中毒患者，因高浓度吸氧会增加其毒性作用，一般不予吸氧；淹溺者无绝对吸氧禁忌证，对于无自主呼吸或气道梗阻的患者采用无创吸氧方式无效，应及时建立人工气道及辅助通气给予氧疗。

三、操作步骤

（1）操作前评估：评估患者的意识、呼吸状况及缺氧程度、气道通畅情况；评估患者有无基础疾病和高碳酸血症风险；评估供氧设备。

（2）选择给氧方式：现场和转运急救宜携带流量可调节的便携式氧气瓶，根据患者情况，连接合适的给氧装置。

氧流量需求在 1~5 L/min 时，选择鼻导管给氧；氧流量需求在 5~10 L/min、不存在高碳酸血症风险时，选择普通面罩给氧；氧流量需求在 6~15 L/min、不存在高碳酸血症风险时，选择储氧面罩给氧；氧流量需求在 2~15 L/min、存在高碳酸血症风险时，选择文丘里面罩给氧。

有条件的急救转运车可备高流量给氧装置，能满足 8~80 L/min 的氧流量供给，且能提供持续气道正压通气（continuous positive airway pressure, CPAP）支持。

有自主呼吸但可能存在气道通畅性问题的患者，可予气管插管给氧，氧流量可比鼻导管法减少一半；自主呼吸微弱或停止的患者，应使用简易呼吸器连接氧气给予球囊-面罩辅助通气，或立即行气管插管术经气管导管进行辅助通气。

（3）具体实施：

① 确认即将氧疗的环境安全，无明火、电火花及爆炸的风险。

② 应根据氧疗医嘱及转运环境，准备供氧设备、流量表、湿化装置、给氧装置及吸氧用物。使用氧气瓶时，应先连接压力表，打开氧气阀，确保氧气瓶内气体压力>0.2 MPa。

③ 核对患者信息、吸氧时间、吸氧方法及流量。

④ 嘱患者取舒适体位，告之吸氧目的、方法及注意事项。

⑤ 确认流量表、给氧装置（含管路）、湿化装置连接紧密。

⑥ 调节氧流量，流量应以流量计浮标中间位置为准，并检查装置是否通畅。

⑦ 佩戴氧疗装置：

a. 采用鼻塞给氧时，应将前端置于患者鼻孔中，深度为 1.5 cm 内。

b. 采用普通面罩给氧时，应将面罩置于患者面部，将系带放于枕后，松紧适宜，保持面罩与面部贴合。

c. 采用储氧面罩给氧时，在连接患者前，应检查单向活瓣是否工作正常，调节氧气流量，充盈储气袋。使用时将面罩置于患者面部，将系带放于枕后，松紧适宜，保持面罩与面部贴合。使用过程中应保持储气袋充盈，避免塌陷。

d. 采用文丘里面罩给氧时，应将面罩置于患者面部，将系带放于枕后，松紧适宜，保持面罩与面部贴合。先设定吸氧浓度，再调节氧流量，氧流量与文丘里装置标记保持一致。

e. 采用经鼻高流量湿化氧疗时，将高流量湿化氧疗仪（图 8-54）与氧源正确连接，安装湿化装置、送气螺纹管及鼻塞，根据患者鼻孔大小选择合适的鼻塞，以不超过鼻孔孔径的 1/2 为宜。机器位置应低于或平行于患者。通过控制显示屏设置温度、氧流量和氧浓度。连接鼻塞，调节固定带，松紧适宜。

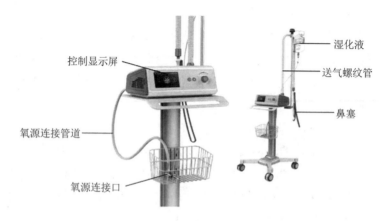

控制显示屏
氧源连接管道
氧源连接口
湿化液
送气螺纹管
鼻塞

图 8-54　高流量湿化氧疗仪

（4）若要停止氧疗，应先取下鼻导管（面罩、鼻塞），再关闭流量表及氧气开关。若要停用氧气瓶，先关闭总开关，释放余氧后，再关闭流量开关。

若要停止经鼻高流量湿化氧疗，应等装置上的氧浓度降至 21% 后再关机，拔除电源、气源；装置冷却后，取下湿化液罐。

四、注意事项

（1）用氧前，检查氧气装置有无漏气、是否通畅。

（2）注意用氧安全，做好"四防"：防震、防火、防热、防油。在搬运过程中避免倾倒撞击，防止爆炸。氧气助燃，氧气筒应放于阴凉处，现场急救及转运时都应先确认用氧环境安全，急救人员不可用带油的手触碰氧气筒螺旋口和氧气表，避免引起燃烧。

（3）使用氧气时，应先调节流量后应用；停用氧气时，应先取下导管，再关闭氧气阀；中途改变流量，应先分离鼻导管与湿化瓶导管连接处，调好流量再接上。严禁在氧疗管道与患者连接状态下调节流量。

（4）常用湿化液为无菌蒸馏水或灭菌注射用水。

（5）确保转运氧气筒内余量充足，压力降至 498 kPa 时即不可再用。

（6）由于监测条件受限，转运途中应严密监测患者的脉搏、血压、精神状态、皮肤颜色、温度与呼吸方式等，评估氧疗效果，及时调整给氧浓度和给氧方式。

（7）转运结束后，未用完或已用尽的转运氧气筒应分别悬挂"满"或"空"标志，转运专用的氧气筒应及时补充。

（8）做好患者及其家属的健康教育，在转运途中不可随意触碰吸氧装置。

（刘　颖　张　鹏）

第九节　转运呼吸机的使用

转运呼吸机（图 8-55）是用于危重患者现场急救、院际或院内转运的一种便携式机械通气装置，一般为气动型。根据功能其可分为低端型、中端型、高端型三种，无论哪种型号的转运呼吸机，均具有一般机械通气功能设置，包括潮气量、呼吸频次和吸呼比设置。高端型转运呼吸机具有床边机的智能化设置功能，可根据患者病情调节通气模式、气道压力、送气流速等，更适用于急性呼吸窘迫综合征等极危重患者的转运。

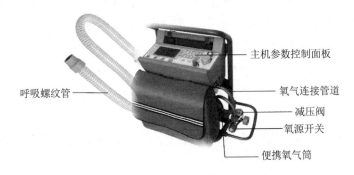

图 8-55　常见急救转运呼吸机构造

一、适应证

需要持续辅助呼吸的危重患者转运。

二、禁忌证

无绝对禁忌证，根据转运呼吸机型号及患者年龄选用，禁止将仅适用于成人的转运呼吸机用于儿童或婴幼儿。

三、操作步骤

（一）转运呼吸机测试

去救援现场前应根据救援对象（成人、儿童、婴幼儿）选择型号合适的转运呼吸机，并对携带的设备进行性能测试，确保设备能正常运转。

（1）正确安装呼吸机螺纹管、鱼嘴减压阀，连接氧源；

（2）打开氧源（氧气减压阀设置在 0.5 MPa）、呼吸机主机，连接模拟肺，根据呼吸机型号设置常用通气模式、呼吸频率、氧浓度、吸呼比、潮气量等参数；

（3）检查呼吸机各连接处是否漏气、运转是否正常、各指标显示状态；

（4）关闭氧源，断开模拟肺，携用物至救援现场。

（二）操作前准备

（1）确认需要转运的患者；

（2）评估患者体重、病情、生命体征、意识、心理状态及合作程度、人工气道情况、正在使用的通气方式等；

（3）再次评估转运呼吸机性能、氧源是否充足及参数设置情况，一般成人常用的急救转运呼吸机参数设置为呼吸频率 8~12 次/min，吸呼比 1:1.5，潮气量 400~500 mL；

（4）烦躁患者适当给予约束或遵医嘱使用镇静剂；

（5）其他急救用物准备：急救盒（急救药品）、简易呼吸器、监护仪。

（三）使用转运呼吸机

（1）清除患者气道分泌物后，将转运呼吸机连接人工气道，听诊两肺呼吸音；

（2）观察患者心率、指脉氧、血压等生命体征的变化，至少观察

5 min，确认可以转运后妥善放置各种管道；

（3）转运途中医护合理分工，各司其职，保证患者转运安全。

（四）转运结束

（1）与人工气道分离，关闭转运呼吸机，关闭氧源；

（2）按消毒隔离规范处理用物；

（3）转运呼吸机处于备用状态，氧源充足，记录仪器使用情况。

四、注意事项

（1）保持人工气道的良好固定。

（2）保持患者呼吸道通畅。

（3）转运过程中，密切观察患者胸廓起伏情况、呼吸机运转情况，以及患者血氧饱和度的变化。

（4）转运过程中，若发生氧气压力不足、主机电源不足或仪器故障等意外，应及时使用简易呼吸器辅助呼吸。

（刘　颖　张　鹏）

第十节　输液技术

静脉给药治疗是各类意外伤害事件中抢救患者的重要手段。现场急救强调静脉通道建立的及时性，同时要保证转运途中静脉通道持续有效。淹溺者往往因皮肤湿冷、心跳呼吸停止等存在外周静脉穿刺困难，所以在救援现场及转运时，急救人员须快速评估建立静脉通道的方法和途径并熟练实施。

溺水现场急救及转运过程中，常用的静脉通道建立方式有外周静脉留置针输液技术和骨髓腔输液技术。深静脉置管技术和静脉切开技术因操作过程烦琐以及救援现场或转运环境所限，不作为意外事故现场和转运急救时建立静脉通道的常规技术。

骨髓腔输液作为一种快速、安全、有效的循环重建方法，近年来越来越受到医护人员的关注，尤其适用于意外伤害事件中的急救及转运现场。有报道称，在低血容量性休克已发生的情况下外周静脉穿刺成功率仅为76.56%，而骨髓腔一次穿刺置管成功率为93.75%。美国心脏协会在2005年心肺复苏指南中明确提出，病情危重需紧急抢救者，反复穿刺 3 次失败或 90 s 未能成功穿刺者，推荐使用骨髓腔穿刺输液。

骨髓腔输液的工作原理：当患者因休克等发生外周静脉塌陷或关闭时，处于骨髓保护中的骨髓腔内静脉网因其特殊的骨质结构仍然能够同体循环保持连接，并且通过骨髓腔内的血流量是相对恒定的。骨髓腔内的血管压力约为 35/25 mmHg，其中诸多未塌陷的微小静脉网络可以像海绵一样快速吸收灌注，通过骨内静脉窦将其快速转运至体循环（图 8-56）。

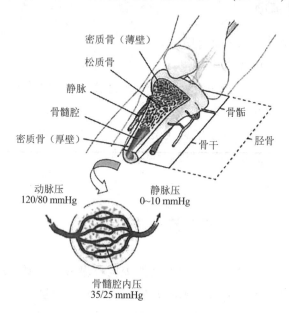

图 8-56　骨髓腔输液工作原理

一、适应证

（1）补充血容量，改善微循环，维持血压；

（2）纠正水和电解质紊乱，保持酸碱平衡；

（3）补充营养物质及能量；

（4）经静脉使用其他抢救药物，如血管活性药物、呼吸兴奋剂、强心药物等。

二、禁忌证

（1）外周静脉留置针输液无绝对禁忌证，相对禁忌证包括：避免在骨折肢体、明显外伤或感染部位穿刺。

（2）骨髓腔输液绝对禁忌证包括：① 目标骨有骨折；② 目标穿刺位点局部有感染；③ 接受过重大外科整形手术、安装假肢或人工关节的部位。骨髓腔输液相对禁忌证包括：① 成骨不全、严重骨质疏松等；② 避免在同一骨上反复进行骨髓腔输液尝试，或过去 48 h 内目标骨接受或尝试过建立骨内通路，以免发生潜在的漏液风险；③ 皮下组织过厚（肥胖）和（或）缺少足够的体表解剖学标志。

三、操作步骤

（一）外周静脉留置针输液

（1）选择合适的穿刺部位：快速判断患者除溺水外是否存在肢体、胸腹腔、骨盆等部位损伤。若上肢或胸腔损伤严重，一般选择下肢静脉通路；若下肢或骨盆严重损伤，一般选择上肢静脉通路，避免输入的液体从可能受伤的上、下腔静脉漏出。

（2）选择粗直的血管，一般建议选择肘部贵要静脉、肘正中静脉，如患者已处于休克状态或需要心肺复苏，可选择颈外静脉，其充盈度优于其他外周静脉；如必须选择下肢静脉输液，可选择大隐静脉或腘静脉。

（3）根据血管条件选择合适的留置针型号，充分擦干皮肤表面水渍并消毒穿刺部位。

（4）将穿刺针连接补液，排气，穿刺，见回血后退针芯少许（2~3 mm），将导管全部送入血管后退出针芯，妥善固定留置针，开放补液，根据医嘱使用药物。

（二）骨髓腔穿刺输液

（1）物品准备：准备好骨髓腔电动穿刺器、穿刺针套件、无菌贴膜、无菌手套、消毒用物、加压袋，注射器抽吸无菌生理盐水 10 mL 并连接配套的预充延长管、配置好的补液备用。

（2）选择穿刺位点：选择时应充分考虑患者年龄、受伤状况、穿刺装置和操作者的经验。成人首选胫骨近端、胫骨远端或肱骨近端，桡骨、尺骨、髂骨、跟骨等部位也可以选用；小儿主要选择胫骨近端或远端。

（3）选择合适的穿刺针：应基于患者的体重、解剖结构以及穿刺位点上的组织厚度综合判断，选择合适的穿刺针套件（图 8-57）。

15 mm	25 mm	45 mm
（患者体重在3~39 kg， 胫骨近端或远端）	（患者体重≥40 kg， 胫骨近端）	［患者体重≥40 kg （体表组织过多）， 肱骨近端］

图 8-57　骨髓腔输液穿刺针套件的选择

（4）按无菌技术原则严格消毒穿刺局部皮肤，消毒范围应超过贴膜大小。如局部皮肤污染物较多，应先清洁再消毒。

（5）安装穿刺针：将选择好的穿刺针安装于电动穿刺器上，确认穿刺针与电动穿刺器之间的磁性吸附紧密，防止穿刺针脱落。

（6）穿刺操作：用手固定住安装好的穿刺针针座，取下穿刺针保护帽，将穿刺针刺入皮肤及皮下组织，直至针尖接触到骨表面［此时要确认穿刺针距离针座 5 mm 的黑色标志线（图 8-58）清晰可见，这样才能确定穿刺针仍有足够的长度能穿透骨皮质进入骨髓腔］，接着扣动电动穿刺器的扳机向下用力，直至针座接触到皮肤表面，针尖进入骨髓腔（此时操作者手上会有落空感），抽出针芯。

5 mm标志线

图 8-58　骨髓腔穿刺针 5 mm 标志线

（7）连接预充好的延长管和注射器，回抽可见骨髓内容物（回血），用 10 mL 生理盐水（儿童 2~5 mL）快速冲洗，以去除骨髓腔内骨髓和纤维蛋白，保证输液有效。

（8）覆盖无菌敷料，连接准备好的补液进行输液治疗，或根据医嘱使用其他药物。骨髓腔输液速度波动于 6~20 mL/min，在使用加压袋使压力为 300 mmHg 的情况下，输液速度可达 50~125 mL/min。

（9）拔除骨髓腔输液导管：抢救结束后或保留时间达 24 h 给予拔除。首先去除延长管，使用螺口注射器连接导管柄，保持轴向对准，顺时针旋转注射器和导管同时向外拔（图 8-59），拔的过程中不要摇动或弯曲针柄，按压穿刺位点 3~5 min，消毒穿刺位点局部并用无菌敷贴覆盖。

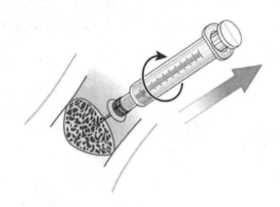

图 8-59 拔除骨髓腔输液导管操作示意图

四、注意事项

（一）外周静脉留置针输液

（1）淹溺者外周静脉不易穿刺，反复穿刺 3 次失败或 90 s 未能成功穿刺者，应尽快选择其他方法建立血管通路，或选择其他用药途径，不能因反复尝试外周静脉穿刺延误药物治疗时机。

（2）淹溺者皮肤湿冷，贴膜难以牢固固定，且转移搬运患者时易发生导管牵拉等，致导管移位至血管外，转运人员应严密观察导管固定情况及注射局部有无渗出液。

（3）经外周静脉通道输注血管活性药物，尤其是强烈的血管收缩药物，如去甲肾上腺素等，易致药物外渗引起局部组织坏死，在转运途中如需使用此类药物需严密观察注射局部，在治疗允许的前提下尽可能稀释药液浓度，转运结束后应尽早建立深静脉通道。

（4）紧急情况下建立的血管通路应尽早拔除，溺水急救现场或转运途中置入的外周静脉导管最长留置时间不应超过 48 h。

（二）骨髓腔穿刺输液

（1）穿刺过程中，骨髓腔穿刺针进入患者皮肤组织接触骨表面时，操作者务必要确认可见穿刺针距针座的最后一个 5 mm 标志线，这样才能保证穿刺针长度足以进入骨髓腔，否则需要更换更长的穿刺针或另外选择穿刺位点，不应继续进入骨皮质。

（2）选择不同的穿刺位点，其穿刺角度也不一样（图 8-60）。肱骨近端穿刺，应从骨平面往后下方 45° 进针穿刺；胫骨近端和胫骨远端穿刺，应与骨平面成 90° 进针穿刺。

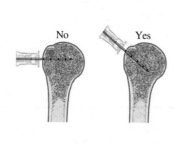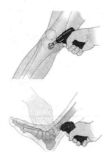

肱骨：从骨平面往后下方45°　　　　胫骨：与骨平面呈90°
　　进针穿刺　　　　　　　　　　　　　　进针穿刺

图 8-60　骨髓腔穿刺进针角度示意图

（3）每次使用前均应用注射器抽吸生理盐水快速冲洗导管，防止骨髓腔内的骨髓和纤维蛋白堵塞导管而影响输液速度。

（4）与其他血管通路一样，骨髓腔输液速度随患者体位及解剖位置改变而变化，在转运输液过程中应随时观察输液通畅性。

（5）骨髓腔输液与其他外周静脉输液一样，有药液渗出的风险，可引起注射部位周围肌肉和皮下组织坏死，甚至有引发间隔综合征的危险，因此在转运输液过程中应密切观察注射局部情况。

（6）预防感染。无菌操作不严格、贴膜难以牢固固定等可导致发生骨髓腔感染的严重不良后果，操作者及转运医护人员均应严格执行无菌操作并妥善固定；骨髓腔穿刺输液通道应在抢救结束后或有条件建立其他静脉通道时尽早拔除，一般留置 6~12 h，最长不超过 24 h。

（刘　颖　张　鹏）

第十一节　导尿术

导尿术是各科临床医生都必须掌握的基本技能，是在严格的无菌操作下，将无菌导尿管经尿道插入膀胱引出尿液的方法。

一、适应证

（1）各种原因所致的尿潴留。

（2）留取未受污染的尿标本做细菌培养。

（3）危重患者抢救，进行尿量监测，了解肾功能情况。

（4）盆腔手术的术前准备；大中型手术中防止膀胱过度充盈及膀胱损伤，观察尿量。

（5）膀胱内药物灌注或膀胱冲洗。

（6）膀胱、尿道手术或损伤的患者，放置导尿管促进伤口愈合及功能恢复。

（7）探查尿道有无狭窄、梗阻，了解引起少尿或无尿的原因。

（8）检查膀胱功能，测量膀胱容量、压力及残余尿量，进行尿道或膀胱造影。

二、禁忌证

（1）急性尿道炎；急性前列腺炎。

（2）尿道狭窄或先天性畸形，导尿管无法插入者。

（3）女性月经期。

（4）尿道损伤，已经完全断裂者。

三、操作步骤

（1）用物准备：治疗车上备治疗盘1个，型号适宜的一次性导尿包1个（内含无菌手套、导尿管、清洁包、润滑油、治疗巾、手消毒液），执行单，有创操作知情同意书。

（2）环境准备：关闭门窗，遮挡屏风，保持室温适宜、光线充足或有足够的照明。

（3）术者站于患者右侧，松开床尾盖被，将右下被角折向对侧，暴露患者双侧下肢。脱去患者对侧裤腿，盖在近侧腿上（必要时盖浴巾），对侧大腿用盖被遮盖。

（4）协助患者取仰卧屈膝位，暴露外阴，将治疗巾垫于患者臀下，打开导尿包，取出清洁包，与弯盘一起放于患者两腿之间。

（5）消毒：根据男、女患者尿道的解剖特点进行消毒、导尿。

① 男性患者：

a. 将无菌导尿包放置于患者两腿之间，打开导尿包，戴无菌手套，铺孔巾，右手持镊子夹取消毒棉球进行消毒，依次从尿道口向外消毒阴茎前部，然后用无菌纱布裹住阴茎，露出尿道口，污棉球置于弯盘内。

b. 检查、润滑导尿管，检查导尿管气囊是否完好，将尿管与集尿袋连接，用润滑棉球润滑导尿管（避开气囊）。

c. 消毒尿道口，一手用纱布裹住阴茎并提起，使之与腹壁呈 60°，将包皮向后推以露出尿道口，嘱患者张口呼吸，用右手或镊子将导尿管对准导尿口轻轻插入 15~20 cm，见尿后再插入 2 cm，将尿液引出。

② 女性患者：

a. 将无菌导尿包放置于患者两腿之间，打开导尿包，戴无菌手套，铺孔巾，使其与导尿包形成一无菌区，将消毒外阴用物放于近会阴处，以免跨越无菌区。右手持镊子夹取消毒棉球，消毒阴阜、大阴唇，另一手分开大阴唇，消毒小阴唇和尿道口，污棉球置于弯盘内。消毒原则：由内向外、自上向下消毒外阴。

b. 检查、润滑导尿管，检查导尿管气囊是否完好，将尿管与集尿袋连接，用润滑棉球润滑导尿管前端（避开气囊）。

c. 嘱患者张口呼吸，用右手或镊子将导尿管对准导尿口轻轻插入 4~6 cm，见尿后再插入 2 cm，松开固定小阴唇的手固定导尿管，将尿液引出。

若需做尿培养，用无菌标本瓶接取中段尿 5 mL，盖好瓶盖，放于合适的位置。

（6）固定：根据导尿管上注明的气囊容积向气囊内注入等量的生理盐水（10~20 mL），轻拉导尿管有阻力感，即证实导尿管已固定于膀胱内。接上尿袋，固定，做好标识后询问患者感觉，观察患者反应。整理床单元，盖好被子，清理用物。记录导尿时间、尿量、尿液颜色及性质。

四、注意事项

（1）在操作过程中注意保护患者的隐私，并采取适当的措施避免患者着凉。

（2）用物需严格消毒灭菌，并按无菌操作规程进行，预防尿路感染。

（3）导尿管一经污染或拔出均不得再使用。

（4）选择粗细合适且光滑的导尿管。

（5）导尿时，动作应轻柔、缓慢，以免损伤尿道黏膜。

（6）对膀胱过度充盈者，排尿宜缓慢，且第一次导尿量不得超过1000 mL。

（7）测定残余尿量时，患者应先自行排尿再导尿，残余尿量一般为5~10 mL，残余尿量超过100 mL，提示有尿潴留。

（8）因病情需要留置导尿管时，应经常检查导尿管固定情况，留置时间超过1周需要用生理盐水每日冲洗膀胱1次。拔管前3天定时放尿，训练膀胱功能。

（9）双腔气囊导尿管固定时，要注意膨胀的气囊不能卡在尿道内口，以免气囊压迫膀胱壁，造成黏膜损伤。

（10）老年女性的尿道口回缩，插管时应仔细观察、辨认，避免误入阴道。如果导尿管误入阴道，应另换无菌导尿管重新插管。

（11）为避免损伤和发生泌尿系统感染，必须掌握男性和女性尿道的解剖特点。

（翟明之　顾　鹏）

常用急救用药

规范、合理地应用常用急救药物，对于成功挽救急危重症患者生命、提高抢救成功率、降低不良事件发生率至关重要。

第一节　心肺复苏药

一、肾上腺素

（一）药理作用

肾上腺素（adrenaline，epinephrine），是肾上腺素能受体和受体的激动剂。其可增强心肌收缩性，加速传导，加快心率，提高心肌的兴奋性，增加心排血量；可使血管收缩，尤其是皮肤、黏膜、肾脏血管收缩明显；可舒张冠脉血管，迅速改善心肌的血液供应，同时舒张骨骼肌和肝脏血管；可舒张支气管黏膜血管，降低毛细血管的通透性。常用剂量可使收缩压上升而舒张压不升，或略降；大剂量可使收缩压、舒张压均升高。

（二）药物应用

1. 适应证

可用于各种类型心搏骤停患者的心肺复苏以及过敏性休克、支气管哮喘急性发作、血管神经性水肿、血清病的急救，亦可用于延长浸润麻醉用药的作用时间。

2. 禁忌证

高血压、冠状动脉疾病、脑动脉硬化、心源性哮喘、器质性心脏病、甲状腺功能亢进、洋地黄中毒、糖尿病、外伤性及失血性休克患者原则上禁用；但发生心搏骤停需心脏复苏时，可在密切监护下使用。

3. 用法

（1）心搏骤停：静脉注射，剂量 1 mg，可每 3~5 min 重复注射一次。

（2）过敏性休克：大腿中外侧肌内注射 0.5 mg，也可用 0.1~0.5 mg 缓慢静脉注射。

（3）支气管哮喘：效果迅速但不持久，急性发作时以 0.25~0.5 mg 肌内注射，数分钟见效。

（三）注意事项

（1）可有心悸、头痛、血压升高、震颤、眩晕、四肢发凉等不良反应，用药局部可有血肿、充血、炎症等。用于未发生心搏骤停的患者，有时可引起心律失常，严重者可由于心室颤动而死亡。

（2）心肺复苏成功后立即控制本药的使用量，否则用量过大或皮下注射误入血管引起血压突然上升可能导致脑出血。

（3）用药次数多而效果不佳或症状加重时，应考虑耐药的可能性。

二、阿托品

（一）药理作用

阿托品（atropine）属 M 胆碱受体阻断剂，可竞争性拮抗乙酰胆碱或胆碱受体激动药对 M 胆碱受体的激动作用，抑制腺体分泌，抑制胃肠道平滑肌痉挛；使瞳孔括约肌和睫状肌松弛；抑制膀胱收缩；扩张支气管；解除迷走神经对心脏的抑制。在补充血容量的基础上，可改善微循环使回心血量增加，血压得以回升。

（二）药物作用

1. 适应证

（1）窦房传导阻滞等缓慢型心律失常；或继发于窦房结功能低下而出现的室性异位节律；或经心肺复苏自主循环恢复后心率<50 次/min 的心搏骤停患者。

（2）抗休克。

（3）解救有机磷类杀虫药中毒。

（4）各种内脏绞痛，如胃肠绞痛及膀胱刺激症状；对胆绞痛、肾绞痛疗效较差。

（5）全身麻醉前给药。

（6）虹膜睫状体炎，验光、检查眼底。

2. 禁忌证

（1）青光眼、前列腺肥大、高热患者禁用。

（2）急性心肌梗死并心动过速患者或老年人应慎用。

（3）孕、产妇及婴幼儿慎用；脑损害患者，尤其是此类儿童患者慎用。

（4）心脏病，特别是快速型心律失常、充血性心力衰竭、冠心病、二尖瓣狭窄患者慎用。

（5）反流性食管炎、溃疡性结肠炎患者慎用。

3. 用法

（1）抗心律失常：成人静脉注射 0.5~1.0 mg，按需可 1~2 h 一次，最大用量为 2 mg。

（2）心搏骤停：不建议在治疗无脉性心电活动或心搏停止时常规性地使用阿托品。但心肺复苏后，若仍为缓慢型心律失常，可每隔 3~5 min 静注 0.5~1.0 mg，至总量 0.04 mg/kg 体重（约 3 mg）。

（3）有机磷中毒抢救：皮下或静脉注射 0.5~2.0 mg（严重有机磷中毒患者可增大 5~10 倍），可根据病情每 10~30 min 或 1~2 h 给药一次直到达阿托品化，然后用维持量。

（4）感染性中毒性休克：成人每次 1~2 mg，静脉注射，每 15~30 min 一次，2~3 次后如情况不见好转可逐渐增加剂量，至情况好转后即减量或停药。

（三）注意事项

（1）常见不良反应为便秘、出汗减少、口干、视力模糊、皮肤潮红、排尿困难等。

（2）用药过量时，可出现呼吸过快、烦躁不安、惊厥等中枢兴奋症状，严重中毒患者则由中枢兴奋转入抑制甚至出现昏迷、呼吸麻痹而死亡。

（3）当出现心率快并伴有室性期前收缩、室性心动过速时，应立即停药，及时通知医生。

三、胺碘酮

（一）药理作用

胺碘酮（amiodarone）属Ⅲ类抗心律失常药，具有轻度非竞争性的肾上腺素受体阻滞作用，且具有轻度Ⅰ类及Ⅳ类抗心律失常药的性质。其可延长各部心肌组织的动作电位及有效不应期，有利于消除折返激动；减慢心房及心肌传导速度；减低窦房结自律性；延长 Q-T 间期及 T 波改变；影响甲状腺素代谢。

（二）药物应用

1. 适应证

本药为广谱抗心律失常药，对房性或室性期前收缩、心房扑动、心房纤颤、室上性心动过速（尤其是伴有预激综合征）和室性心动过速、室颤者都有效。

2. 禁忌证

（1）禁用：① 甲状腺功能异常或有既往史者。② 碘过敏者。③ Ⅱ度或Ⅲ度房室传导阻滞，双束支传导阻滞（除非已有起搏器）患者。④ 病态窦房结综合征患者。⑤ 心源性晕厥患者。⑥ 白内障患者。

（2）慎用：① 窦性心动过缓者。② Q-T 间期延长综合征者。③ 低血压患者。④ 肝、肾功能不全患者。⑤ 肺功能不全患者。⑥ 严重充血性心力衰竭患者。⑦ 心脏明显增大，尤其是心肌病者。⑧ 孕妇及哺乳期妇女。

3. 用法

（1）根据病情，急性期可以注射剂 150~300 mg 加于 20 mL 25% 葡萄糖溶液中静脉注射，然后以适量胺碘酮加于 5% 葡萄糖溶液中持续静脉滴注或泵入。

（2）心肺复苏时，若出现难以纠正的心室颤动或室性心动过速，可静脉应用胺碘酮。首次剂量：300 mg 推注；第二次剂量：150 mg 推注。

（三）注意事项

（1）静脉用药时，局部刺激可引发静脉炎，应注意观察和预防。

（2）密切观察患者心率、心律、血压的变化，如心率<60 次/min，应停用。用药期间注意复查心电图，Q-T 间期明显延长者停用。

（3）用药期间注意随访进行肝功能、甲状腺功能、肺功能及眼科检查。

四、利多卡因

（一）药理作用

利多卡因（lidocaine）为局部麻醉药，同时属Ⅰ b 类抗心律失常药。其可减低心室及心肌传导纤维的自律性和兴奋性；相对地延长有效不应期，降低心室肌兴奋性，提高室颤阈值。

（二）药物应用

1. 适应证

（1）各种原因引起的室性心律失常，包括室性期前收缩、室性心动过速和室颤。

（2）除颤和给予肾上腺素后仍表现为室颤或无脉性室性心动过速者。

2. 禁忌证

（1）禁用：① 阿-斯综合征患者。② 严重心脏阻滞，包括Ⅱ度或Ⅲ度房室传导阻滞、双束支传导阻滞患者。③ 严重窦房结功能障碍者。④ 过敏者。

（2）慎用：① 充血性心力衰竭、严重心肌受损者。② 肝、肾功能障碍者。③ 老年人。④ 低血容量性休克患者。⑤ 不完全性房室传导阻滞或室内传导阻滞患者。⑥ 肝血流量减低者。⑦ 严重窦性心动过缓患者。⑧ 预激综合征患者。⑨ 孕妇、新生儿。

3. 用法

首次负荷量 1~1.5 mg/kg（一般用 50~100 mg），静脉注射，总剂量不超过 3 mg/kg，速度为 20~50 mg/min，必要时每 5~10 min 重复注射，继以 1~4 mg/kg 静脉滴注，1 h 内最大量不超过 300 mg。

（三）注意事项

（1）可抑制传导，引起房室传导阻滞；抑制心肌收缩力，减少心排血量；还可造成血压明显下降、P-R 间期延长或 QRS 增宽、心率减慢、心律失常甚至心搏骤停。

（2）中枢神经系统损害，如语言障碍、感觉异常、听力减退以及昏迷、惊厥、呼吸抑制、癫痫发作等。

（3）肝功能不良患者静脉注射过快，可出现头晕、嗜睡、激动不安、感觉异常等。

（4）心衰、肝功能不全患者长期静脉滴注后可发生药物蓄积，儿童或老年人应适当减量。若用量过大，容易引起中毒。一旦出现中毒症状，应立即停药，一般症状可在 15~20 min 内消失。

第二节　抗心律失常药

一、腺苷

(一) 药理作用

腺苷 (adenosine) 是一种强血管扩张剂，通过激活嘌呤受体松弛平滑肌和调节交感神经传递，减少血管张力而产生药理作用。

(二) 药物应用

1. 适应证

主要用于治疗阵发性室上性心动过速。

2. 禁忌证

(1) Ⅱ度或Ⅲ度房室传导阻滞者 (戴有功能性人工起搏器者除外)；

(2) 窦房结疾病患者 (戴有功能性人工起搏器者除外)；

(3) 已知或估计有支气管狭窄或支气管痉挛的肺部疾病患者 (如哮喘患者)；

(4) 已知对腺苷有过敏反应的患者。

3. 用法

用于阵发性室上性心动过速时，成人静脉注射剂量为：首剂 6 mg，直接静脉快速推注，然后以氯化钠注射液快速冲洗。如未终止心动过速，可在 1~2 min 后重复给药，每次不超过 12 mg。

(三) 注意事项

(1) 偶有胸部压迫感、呼吸困难、面部潮红、窦性心动过缓、房室传导阻滞等。

(2) 起效迅速，半衰期短于 6 s，因此不良反应即使发生亦很快消失。

(3) 应用时应密切监护，及时发现缓慢型心律失常。

二、维拉帕米

(一) 药理作用

维拉帕米 (verapamil) 属Ⅳ类抗心律失常药，为一种钙离子内流的抑制剂。其可以消除房室结折返；对外周血管有扩张作用，一般可引起心率减慢，但也可因血压下降而反射性使心率加快；对冠状动脉有舒张作用；加快房室旁路合并心房扑动或心房颤动患者的心室率，甚至会诱发心室颤动。

（二）药物应用

1. 适应证

注射液适用于治疗室上性和房室结折返引起的快速型心律失常。

2. 禁忌证

（1）禁用：① 心源性休克患者。② 充血性心力衰竭患者，除非继发于室上性心动过速而应用本品有效者。③ Ⅱ度、Ⅲ度房室传导阻滞者。④ 重度低血压，收缩压<90 mmHg 者。⑤ 病态窦房结综合征患者（除非已安装人工心脏起搏器）。⑥ 预激或 L-G-L 综合征伴房颤或房扑患者。

（2）慎用：① 极度心动过缓者；② 心力衰竭患者；③ 肝、肾功能损害患者；④ 轻度至中度低血压患者；⑤ 支气管哮喘患者。

3. 用法

5~10 mg 稀释后缓慢静脉注射或静脉滴注，症状控制后改用片剂口服维持。

（三）注意事项

（1）静脉推注速度不宜过快，否则可有导致心搏骤停的危险。

（2）静脉注射时，严密监测患者心率、心律及血压，必要时备好急救设备与药品。

（3）用本品时密切注意患者有无新出现的心力衰竭或原有心力衰竭加重，若有应及时治疗。

三、普罗帕酮

（一）药理作用

普罗帕酮（propafenone）属Ⅰc类抗心律失常药，具有降低传导速度，延长有效不应期及减低兴奋性，消除折返性心律失常的作用；也有轻度β受体阻滞及钙离子通道阻滞作用，可轻至中度抑制心肌收缩力。

（二）药物应用

1. 适应证

室上性和室性期前收缩、室上性和室性心动过速、伴发心动过速和心房颤动的预激综合征。

2. 禁忌证

（1）禁用：① 窦房结功能障碍、病态窦房结综合征患者。② Ⅱ度或Ⅲ度房室传导阻滞、双束支传导阻滞（除非已安装心脏起搏器）患者。③ 明显低血压、心源性休克患者。④ 老年人血压下降，有严重心力衰竭、明显电解质紊乱、严重阻塞性肺部疾病者。⑤ 哮喘患者。

（2）慎用：① 严重窦性心动过缓者；② Ⅰ度房室传导阻滞患者；③ 低血压患者；④ 肝、肾功能障碍患者；⑤ 早期妊娠、哺乳期妇女。

3. 用法

口服，必要时在严密监护下缓慢静脉注射或静脉滴注，每次 70 mg，每 8 h 一次，一日总量不超过 350 mg。

（三）注意事项

（1）静脉给药时应严密监测患者血压、心电图、心功能。

（2）若患者出现心动过缓、窦房或房室传导阻滞，一般应减量或停药；若患者出现高度房室传导阻滞，可静脉注射乳酸钠、阿托品、异丙肾上腺素等解救，必要时安装心脏起搏器。

（3）普罗帕酮血药浓度与剂量之间存在非线性关系，故在增量时应小心，以防血药浓度过高产生不良反应。

四、毛花苷 C

（一）药理作用

毛花苷 C（cedilanid）俗称西地兰，是洋地黄类药物的一种。其主要作用有：① 正性肌力作用。② 负性频率作用。③ 降低窦房结自律性；提高浦肯野纤维自律性；减慢房室结传导速度，延长其有效不应期，导致房室结隐匿性传导增加，可减慢心房纤颤或心房扑动的心室率；缩短浦肯野纤维有效不应期。

（二）药物应用

1. 适应证

用于急性心力衰竭或慢性心力衰竭急性加重期，心房颤动或扑动、心源性休克。

2. 禁忌证

（1）禁用：① 与钙注射剂合用；② 洋地黄过敏或中毒者；③ 室性心

动过速或心室颤动患者；④ 预激综合征伴心房颤动或心房扑动患者；⑤ 梗阻性肥厚型心肌病（若伴心脏收缩功能不全或心房颤动仍可考虑）患者。

（2）慎用：① 低钾血症或高钙血症患者；② 不完全性房室传导阻滞患者；③ 甲状腺功能减退患者；④ 缺血性心脏病患者；⑤ 急性心肌梗死早期；⑥ 心肌炎活动期；⑦ 肾功能损害患者；⑧ 孕妇或哺乳期妇女；⑨ 严重肺部疾病患者。

3. 用法

静脉注射成人常用量：首剂 0.4 mg 加入 20 mL 5% 葡萄糖注射液中静脉缓慢推注，必要时每 2~4 h 可再注射 0.2~0.4 mg，直至全效量。全效量 1.0~1.2 mg。

（三）注意事项

（1）在心电血压监测下用药。

（2）监测电解质及肾功能。

（3）应早期发现中毒症状：恶心、呕吐、厌食、腹泻、头晕、头痛、视物模糊、黄视症、绿视症及异位心律失常，如室性期前收缩，二联律，三联律，房性、室性心动过速，室颤及传导阻滞等。

（4）疑有洋地黄中毒时，应监测血药浓度，过量时，由于蓄积性小，一般停药 1~2 天后中毒症状可消退。

第三节　呼吸兴奋药

一、尼可刹米

（一）药理作用

尼可刹米（nikethamide），又名可拉明（coramine），能直接兴奋延髓呼吸中枢，也可通过刺激颈动脉窦和主动脉体化学感受器，反射性地兴奋呼吸中枢，使呼吸加快加深，并能提升呼吸中枢对 CO_2 的敏感性。

（二）药物应用

1. 适应证

用于中枢性呼吸抑制及其他继发性的呼吸抑制。

2. 禁忌证

（1）禁用：抽搐及惊厥患者。

（2）慎用：脑水肿、心动过速、甲亢、心律不齐、心脏病、嗜铬细胞瘤、支气管哮喘、溃疡病、急性心绞痛患者，以及孕妇、12 岁以下的儿童。

3. 用法

每次 0.375 g，静脉注射或静脉滴注。必要时 1~2 h 重复用药，一次极量为 1.125 g。

（三）注意事项

（1）用药前应先解除呼吸道梗阻，检查动脉血气分析指标并给氧。

（2）剂量过大可引起血压升高、心悸、心律失常、肌颤甚至惊厥。

二、洛贝林

（一）药理作用

洛贝林（lobeline）是呼吸兴奋药，有烟碱样作用，可通过刺激颈动脉窦和主动脉体的化学感受器反射性地兴奋呼吸中枢，使呼吸加快加深。对迷走神经中枢和血管运动中枢也同时有反射性兴奋作用。

（二）药物应用

1. 适应证

主要用于各种原因引起的中枢性呼吸抑制。

2. 禁忌证

高血压患者。

3. 用法

（1）皮下注射或肌内注射：常用量，成人每次 3~10 mg（极量：每次 20 mg，1 日 50 mg）。

（2）静脉注射：成人每次 3 mg（极量：每次 6 mg，1 日 20 mg）。必要时，每 30 min 可重复注射一次。静脉注射需缓慢。

（三）注意事项

（1）应用时应密切监测患者生命体征。

（2）剂量过大可致患者心动过速、传导阻滞、血压升高、呼吸困难，甚至导致惊厥、昏迷、死亡。

（3）增加呼吸次数可增加氧耗量，必要时可加大吸氧流量。

三、多沙普仑

（一）药理作用

多沙普仑（doxapram）是呼吸兴奋药，作用比尼可刹米强。小剂量应用时通过刺激颈动脉窦化学感受器反射性兴奋呼吸中枢，大剂量应用时直接兴奋延髓呼吸中枢，使潮气量加大。阻塞性肺疾病患者发生急性通气不全，应用此药后，潮气量、血二氧化碳分压、氧饱和度均有所改善。

（二）药物应用

1. 适应证

呼吸衰竭。

2. 禁忌证

（1）脑血管意外、脑水肿、脑外伤者；

（2）冠心病患者；

（3）癫痫或其他诱因引起的惊厥发作者；

（4）心力衰竭尚未纠正者；

（5）重症高血压患者；

（6）由气道阻塞、胸廓塌陷、呼吸肌轻瘫、气胸等引起的呼吸功能不全者；

（7）有急性支气管哮喘发作或发作史、肺栓塞、神经肌肉功能失常的呼吸衰竭、硅沉着病（硅肺）或肺纤维化等患者；

（8）心脏病、心律失常、严重心动过速患者；

（9）嗜铬细胞瘤等患者。

3. 用法

治疗麻醉药或其他药物引起的中枢抑制：静脉注射或稀释（用5%葡萄糖注射液稀释至 1 mg/mL）后静脉滴注，1 mg/kg，每小时用量不宜超过300 mg。总量一日不超过3000 mg。

（三）注意事项

（1）静脉注射药液渗漏到血管外或静脉滴注时间太长，均可能引起血栓性静脉炎或局部皮肤刺激。

（2）静脉滴注速度不宜太快，否则可引起溶血。

（3）监测患者血压和脉搏，防止药物过量。

（4）剂量过大时，可引起血压升高、心律失常。

第四节　血管活性药

一、多巴胺

（一）药理作用

多巴胺（dopamine），可激动交感神经系统肾上腺素受体和位于肾、肠系膜、冠状动脉、脑动脉的多巴胺受体。其药理作用随剂量而异：① 小剂量 [0.5~2 μg/（kg·min）] 时，肾血流量及肾小球滤过率增加，尿量及钠排泄量增加。② 小到中等剂量 [2~10 μg/（kg·min）] 时，对心肌产生正性肌力作用，心排血量增加、收缩压升高、冠脉血流量及氧耗量改善。③ 大剂量 [大于 10 μg/（kg·min）] 时，肾血管收缩，心排血量及周围血管阻力增加，收缩压及舒张压均升高。

（二）药物应用

1. 适应证

（1）主要用于治疗各种休克，对心收缩功能低下、少尿或无尿患者更适宜。若能补足血容量，疗效更好。

（2）与利尿剂联合应用，可治疗急性肾衰竭，使尿量增加，血中非蛋白氮含量降低。

（3）对急性心功能不全患者，具有改善血流动力学的作用。

2. 禁忌证

（1）禁用：嗜铬细胞瘤患者。

（2）慎用：室性心律失常、闭塞性血管病变、心肌梗死、动脉硬化、高血压、肢端循环不良的患者。

3. 用法

主要根据患者情况与反应来确定用法。成人常用量静脉注射，开始 1~5 μg/（kg·min），10 min 内以 1~4 μg/（kg·min）速度递增，以达到最大疗效。慢性顽固性心力衰竭，按 0.5~2 μg/（kg·min）用量逐渐递增。多数患者按 1~3 μg/（kg·min）给予治疗即可生效。如为危重病例，先按 5 μg/（kg·min）静脉滴注，然后以 5~10 μg/（kg·min）递增至 20~50 μg/（kg·min）可达到满意效果。

（三）注意事项

（1）静滴速度过快，可出现心律失常、头痛和高血压。

（2）不能与碱性溶液在同一输液器中混合，因为碱性溶液可使该药失活。

（3）应用多巴胺治疗休克患者前必须补足血容量。

（4）药液外漏可在局部注射酚妥拉明拮抗。

（5）多巴胺的治疗不能突然停止，而需要逐渐减量。

（6）应记录下列参数以指示用药量：动脉压、中心静脉压、动脉血气及酸碱度、尿量及比重、心率及节律等。开始用药后，每2~5 min测血压一次，若效果不佳，需调整用量直至血压平稳。持续导尿，如尿量少于每小时30 mL，应注意是否发生肾功能受损，并及时汇报医生。

二、间羟胺

（一）药理作用

间羟胺（metaraminol），又名阿拉明，主要直接兴奋α肾上腺素受体而起作用，亦可间接促使去甲肾上腺素释放；能收缩血管，持续地升高收缩压和舒张压，也可增强心肌收缩力，使休克患者的心排血量增加。升压作用可靠，维持时间较长，较少引起心悸或尿量减少等反应。

（二）药物应用

1. 适应证

用于各种原因引起的低血压状态。因其不易引起心律失常，故更适用于心源性或中毒性休克伴有心功能不全患者。

2. 禁忌证

甲状腺功能亢进、原发性高血压、充血性心力衰竭、糖尿病患者慎用。

3. 用法

成人用量：

（1）静脉注射，初量0.5~5 mg，继而持续静脉泵入，用于治疗重症休克。

（2）静脉滴注或泵入，将间羟胺15~100 mg稀释后静脉滴注或泵入，调节滴速或泵速以维持合适的血压。成人极量一次100 mg（0.3~0.4 mg/min）。

（三）注意事项

（1）静脉注射的部位以选用较粗大的静脉为宜，并避免外溢，一旦发生外溢可用 5~10 mg 酚妥拉明稀释后做局部浸润注射。

（2）长期使用可产生蓄积作用，以致停药后血压仍偏高。

（3）停药须逐渐减量，骤然停用，低血压可再度出现。

（4）用药过程中密切注意控制静脉流速与浓度，力求以最小剂量控制于预期血压水平，并保持平稳。升压反应过快可致急性肺水肿、心律失常、心搏骤停。

（5）注意患者的尿量，开始时尿量会少，随着血压的上升，尿量应升至正常。如剂量过大，尿量又可减少。尿量低于每小时 30 mL 并持续 2 h 以上时，应做处理。

三、多巴酚丁胺

（一）药理作用

多巴酚丁胺（dobutamine）主要通过选择性地激动 β 肾上腺素能受体发挥作用，增强心肌收缩力，增加每搏输出量，并可导致反应性周围血管扩张，所以用药后动脉压一般保持不变。一般对心率影响不大，但若静脉滴注速度过快或剂量过大，也可引起心率加快。小剂量能引起轻度血管收缩，较大剂量时则扩血管作用大于缩血管作用，可导致外周阻力下降，降低右心室充盈压。

（二）药物应用

1. 适应证

常用于各种疾病引起的严重收缩性心功能不全，尤其适用于心肌梗死后的心力衰竭以及心脏外科手术后心排血量低的休克患者。

2. 禁忌证

（1）禁用：梗阻性肥厚型心肌病患者。

（2）慎用：① 心房颤动患者。② 高血压患者。③ 重度主动脉瓣狭窄患者。④ 未纠正的低血容量患者。⑤ 室性心律失常患者。⑥ 心肌梗死后，大量多巴酚丁胺可能使心肌氧耗量增加而加重缺血。

3. 用法

成人常用量：稀释后以每分钟 2.5~10 μg/kg 静脉滴注，剂量在每分钟

15 μg/kg 以下时，心率和外周血管阻力基本无变化；偶用剂量大于每分钟 15 μg/kg，但需注意无论剂量多少，都有可能加快心率并诱发心律失常。

（三）注意事项

（1）不能与碱性溶液在同一输液器中混合，因为碱性溶液可使该药失活，不宜与 β 受体阻滞剂合用。

（2）应用本药前必须补足血容量，纠正酸中毒。

（3）药液外漏可在局部注射酚妥拉明拮抗。

（4）需监测患者心电血压及血流动力学变化。

（5）剂量过大可使心率加快、血压下降，导致或加重心肌缺血，应注意避免。

（6）治疗过程中不能突然停药，而需逐渐减量。

四、硝普钠

（一）药理作用

硝普钠（sodium nitroprusside）可直接松弛小静脉和静脉平滑肌。其直接扩张静脉作用可以降低左、右心室的前负荷，减轻肺充血，从而减少左心室的容量和压力；扩张动脉作用可以降低心室后负荷，减少左心室容量，减轻室壁压力，增加每搏输出量，减少心肌氧耗量。

（二）药物应用

1. 适应证

高血压急症、嗜铬细胞瘤手术前后阵发性高血压的紧急降血压、急性心力衰竭等。

2. 禁忌证

（1）禁用：代偿性高血压如动静脉分流或主动脉狭窄时。

（2）慎用：① 脑血管或冠状动脉供血不足时，对低血压的耐受性降低。② 麻醉中控制性降压时，如有贫血或低血容量应先给予纠正再给药。③ 脑病或颅内压增高时，扩张脑血管可能进一步增高颅内压。④ 肝功能损害时，可能加重肝损害。⑤ 甲状腺功能过低时，硝普钠代谢产物硫氰酸盐可抑制碘的摄取和结合，因而可能加重病情。⑥ 肺功能不全时，可能加重低氧血症。⑦ 维生素 B_{12} 缺乏时，可能使病情加重。⑧ 老年人应用时，剂量宜酌减。

3. 用法

静脉滴注或持续泵入。一般可将硝普钠 50~100 mg 稀释后，从每分钟 0.5 μg/kg 开始，每 3~5 min 递增一次，一般用量为每分钟 1~3 μg/kg，最大用量为每分钟 10 μg/kg。

（三）注意事项

（1）药物必须临时配制，充分溶解。溶液呈微棕色，如色深则不可用。避光滴注，静滴前将稀释液和输液管道用不透光材料包裹，在 8 h 内滴完，不得与任何药物配伍。

（2）长期应用可能引起血中硫氰化物的蓄积性中毒。

（3）本品若使用不当，过度降压可引起低血压，故注射时必须密切监护患者，宜使用输液泵，并根据血压调整泵速。应每 5~10 min 测血压一次，一般血压不宜低于 90/60 mmHg。

（4）用药时密切监测患者血流动力学情况，如出现血流动力学异常或不良反应，应减量或减速，必要时停药。

五、硝酸甘油

（一）药理作用

硝酸甘油（nitroglycerin）有直接使血管平滑肌松弛的作用，其对全身容量血管的扩张作用比对阻力血管的扩张作用显著。其可减轻心脏前、后负荷（以前负荷为主），减少心肌氧耗量，扩张心肌缺血区的冠脉阻力血管和侧支血管，增加缺血区的灌流量。

（二）药物应用

1. 适应证

冠心病心绞痛的治疗及预防，也可用于降低血压或治疗充血性心力衰竭。

2. 禁忌证

（1）禁用：严重贫血、青光眼、颅内压增高、右室心肌梗死合并严重低血压、对本药过敏、使用枸橼酸西地那非（万艾可）的患者。

（2）慎用：低血压、头部外伤、心动过缓、严重心动过速、严重肝肾病、心肌梗死早期患者。

3. 用法

（1）片剂：心绞痛时，每次 0.3~0.6 mg，舌下含服，一般 2~3 min 即可起效，若无效隔 5 min 后可重复一次。

（2）注射液：硝酸甘油 5~10 mg 稀释后静脉滴注或泵入，开始剂量为 5 μg/min，可每 3~5 min 增加 5 μg/min，如达 20 μg/min 时仍无效，可以 10 μg/min 递增，以后可以 20 μg/min 递增。患者对硝酸甘油的敏感性存在较大的个体差异性，无固定剂量，应根据个体的血压、心率、血流动力学参数来调整剂量。原则上最大用量不超过 100 μg/min。

（三）注意事项

（1）学会本药的正确用法：① 当心绞痛发作需用药时，患者应先坐下，将药片放入舌下，待药片自然溶化。② 在心绞痛停止后，如口内尚有余药，应吐出以减轻不适，特别是过去曾在用药后有头痛等不适者。③ 用药后应休息 15~20 min。不可过早活动以免眩晕、晕倒。

（2）对急性冠脉综合征、高血压危象和充血性心力衰竭患者，静脉应用硝酸甘油是一种有效的辅助治疗方法，但需要仔细调节滴速。而对于下壁心肌梗死患者，应用要格外小心；对于依赖前负荷的右室梗死患者，禁用该药。使用硝酸甘油 15 min 内，心绞痛仍不缓解，应考虑有其他并发症或配合其他治疗。

（3）本药与 β 受体阻滞剂、利尿药、强心药、多巴酚丁胺有协同作用，使用时应注意。

（4）如用药时间超过 24 h，会产生耐药性，可逐渐减量再停药。间断用药可降低耐药发生率。

（5）应用硝酸甘油时，常有诸如面颈部皮肤发红、搏动性头痛和眼内压增高等不良反应，多为药物扩张血管所致，此外，扩张血管，血压下降，还可引起反射性心率加快。连续使用数日后症状一般可自行消失，舌下含化时，不适症状一般持续 5 min，很少超过 20 min。如不适症状持续时间长或症状重，应及时通知医生。

（6）大剂量应用硝酸甘油可引起高铁血红蛋白血症，故应掌握好剂量，不应滥用。

（7）有时可引起直立性低血压，应注意预防，做好血压监测。卧位静脉用药，可减少直立性低血压的发生。

第五节　镇痛药

一、吗啡

（一）药理作用

吗啡（morphine）为中枢神经抑制药，有强大的选择性镇痛作用，对持续性慢性钝痛作用大于间断性锐痛，对神经性疼痛的效果较差；有明显的镇静作用，可抑制呼吸、咳嗽中枢；能扩张血管，降低外周阻力，轻度降低心肌氧耗量和左室舒张末压。对心肌缺血性损伤有保护作用，能减少梗死病灶，减少心肌细胞死亡。

（二）药物应用

1. 适应证

主要用于剧烈疼痛时止痛，麻醉、手术前给药，缓解急性肺水肿、心源性哮喘以及心肌梗死时的剧痛。

2. 禁忌证

分娩期产妇、哺乳期妇女、新生儿和婴儿、支气管哮喘、肺心病、严重呼吸抑制、化学性肺水肿、颅脑损伤所致颅内压增高、阿片类药物过敏、肝功能严重减退、甲状腺功能减退、皮质功能不全、前列腺肥大排尿困难、疼痛原因未明、惊厥、急性酒精中毒等。

3. 用法

常用量：皮下注射，每次 5~15 mg，一日 15~40 mg（极量：每次 20 mg，一日 60 mg）；静脉注射，5~10 mg。

（三）注意事项

（1）每次给药间隔时间至少 4 h，以防引起蓄积中毒或成瘾，反复用药更需注意掌握用药间隔时间。

（2）用药期间不可饮酒、抽烟；注射时不可与其他药物配伍。

（3）用药后可降低膀胱尿意而致尿潴留，故用药后应每 4~6 h 让患者排尿一次，必要时压迫膀胱助尿。

（4）用药过程中应密切观察患者依赖性和耐受性的发生情况，并注意观察早期中毒症状，如呼吸抑制、瞳孔缩小、嗜睡不醒等，出现这些症状应及时停药并报告医生。

（5）该药中毒可用纳洛酮对抗。

二、哌替啶

（一）药理作用

哌替啶（pethidine），又名杜冷丁（dolantin），在体内能与吗啡受体结合，呈现吗啡样作用。镇痛作用约为吗啡的 1/10，对内脏疼痛效果较好。有明显的镇静作用。

（二）药物应用

1. 适应证

主要用于创伤、手术、分娩及内脏绞痛等各种剧痛的镇痛。此外，可用于麻醉前给药、人工冬眠、强化麻醉和代替吗啡治疗心源性哮喘等。

2. 禁忌证

对本品过敏者，惊厥、疼痛原因未明确者，产前 2~4 h 及哺乳期妇女，颅脑损伤、颅内压增高者，哮喘、慢性阻塞性肺疾病、肺源性心脏病、急性左心衰并呼吸抑制患者，孕妇，肝肾功能不全、甲状腺功能减退者，老年人，婴幼儿。

3. 用法

皮下注射或肌内注射：每次 25~100 mg，一日 100~400 mg（极量：每次 150 mg，一日 600 mg）。两次用药间隔不宜少于 4 h。静脉注射：成人以每次 0.3 mg/kg 为限，宜稀释后慢注。

（三）注意事项

（1）反复应用易产生耐受性，连续用药 2 周可成瘾。过大剂量可引起中毒，表现为呼吸深度抑制和昏迷，也可见因哌替啶的体内代谢产物去甲哌替啶蓄积而引起的中枢兴奋、心跳加快、谵妄甚至惊厥。过量时，用纳洛酮不能对抗其惊厥症状，可选用巴比妥类药物对症治疗。

（2）用药后患者不可吸烟，不可让患者下床，以免发生不适。

（3）用药期间患者不可饮酒或使用其他中枢神经抑制剂，以免加重中枢神经不良反应。

（4）本药如成瘾后突然停药，可发生与吗啡类似的戒断症状，故应尽量小剂量应用、少用、不常规用、不滥用。

（5）用药时应监护患者生命体征，反复用药者常有心率明显增快、血压下降表现，手术后常可致严重低血压，血容量减少。如患者有呼吸深度、频率、节律改变，应通知医生。

（6）注射后有人会有角膜麻醉现象而失去角膜反射，应警惕此可能性，注意保护角膜。

第六节　利尿药及脱水药

一、呋塞米

（一）药理作用

呋塞米（furosemide），又称速尿，主要作用于髓袢升支的髓质部和皮质部，抑制髓袢升支 NaCl 重吸收，使集合管及降支中水分不易弥散外出，产生强大的利尿作用，并使 K^+ 排出增加。该药还能抑制前列腺素的降解而使肾血管扩张。

（二）药物应用

1. 适应证

用于其他利尿药无效的严重水肿患者，如心源性水肿、肝性水肿、肾性水肿、急性肺水肿和脑水肿患者，防止肾功能不全，也用于高血压、高钾血症、高钙血症、部分急性药物或毒物中毒患者。

2. 禁忌证

（1）禁用：对呋塞米过敏者。

（2）慎用：① 无尿或严重肾功能损害者。② 糖尿病、高尿酸血症或有痛风病史者。③ 老年人、孕妇、哺乳期妇女。④ 严重肝功能损害者。⑤ 急性心肌梗死，过度利尿可促发休克者。⑥ 胰腺炎或有此病史者。⑦ 有低钾血症倾向者，尤其是应用洋地黄类药物者或有室性心律失常者。⑧ 红斑狼疮患者。⑨ 前列腺肥大者。⑩ 对磺胺类药物和噻嗪类利尿药过敏者。

3. 用法（注射液）

（1）水肿性疾病：肌内注射或静脉注射，每次 20~40 mg，隔日 1 次，根据需要亦可每日 1~2 次，必要时每 2 h 追加剂量，每日量视需要可增至 120 mg，直至出现满意疗效。

（2）急性左心衰竭：起始 40 mg 静脉注射，必要时每小时追加 80 mg，直至出现满意疗效。

（3）急性肾衰竭：可用 200~400 mg 加于氯化钠注射液 100 mL 内静脉滴注，滴注速度不超过 4 mg/min。有效者可按原剂量重复应用或酌情调整剂量，每日总剂量不超过 1 g，利尿效果差时不宜再增加剂量，以免出现肾毒性。

（4）高血压危象：起始 40~80 mg 静脉注射，伴急性左心衰竭或急性肾衰竭时，可酌情增加剂量。

（5）高钙血症：可静脉注射，一次 20~80 mg。

（三）注意事项

（1）由于本品利尿作用强而迅速，应让患者在用药前先备好便器，尤其是注射时。如每日用药 1 次，可安排在早晨；如每日用药 2 次，可安排在上午与下午，以免夜尿。

（2）静脉注射时速度不可过快，20 mL 药液于 1~2 min 注射完。

（3）用药期间应进食高钾食物或服氯化钾以免发生低钾血症。如患者因大量排尿而口渴思饮时，不可只给患者喝白开水而应让其饮用含电解质的饮料。

（4）长期或大剂量应用时，可有直立性低血压、休克、低钾血症、低钠血症、低氯血症、低钙血症，低氯性碱中毒、口渴、乏力、肌肉酸痛、心律失常等。

（5）在大量排尿时，可出现血尿素氮升高，如肌酐不高，肾功能好，可不必停药。

（6）监测：① 应及时监测患者的血常规、电解质水平、酸碱平衡情况、肝肾功能、血糖、血尿酸、听力等。② 用于肺水肿患者时，要注意监测肺呼吸音。③ 与强心苷同用时应注意观察患者心律失常情况，避免发生强心苷中毒。④ 用于肝病患者时，要注意观察患者的神志状况。

二、甘露醇

（一）药理作用

甘露醇（mannitol）进入血液后不易从毛细血管透入组织，故能迅速提高血浆渗透压，使组织间液水分向血浆转移，产生组织脱水作用。其还可通过增加血容量及扩张血管而增加肾血流量和肾小球滤过率，并抑制髓袢升支对 Na^+、Cl^- 的重吸收，迅速增加尿量，产生利尿作用并排出 Na^+、K^+。

（二）药物应用

1. 适应证

用于治疗各种原因引起的颅内压增高、脑水肿、脑疝、昏迷和青光眼，以及因休克、烧伤或大手术所致的急性少尿或无尿症，预防急性肾衰竭的发生。

2. 禁忌证

（1）禁用：① 已确诊为急性肾小管坏死的无尿患者。② 严重失水者。③ 颅内活动性出血者，但颅内手术时除外。④ 急性肺水肿、严重肺淤血患者。⑤ 对本药过敏者。

（2）慎用：① 明显心肺功能损害患者。② 高钾血症或低钠血症患者。③ 低血容量者。④ 严重肾功能不全患者。⑤ 对肾功能不能耐受者。⑥ 孕妇。

3. 用法

（1）预防急性肾小管坏死：先给予 12.5~25.0 g，10 min 内静脉滴注，若无特殊情况，再给 50 g，1 h 内静脉滴注，若尿量能维持在 50 mL/h 以上，则可继续应用 5% 溶液静脉滴注；若无效则立即停药。同时应注意补足血容量。

（2）治疗脑水肿和青光眼：一般用 20% 注射液按体重 0.25~2 g/kg 于 30~60 min 内静滴，必要时可每 4~6 h 静滴 1 次。

（三）注意事项

（1）此药液在常温下易结晶析出，用前将瓶子放在温水中，适当摇晃，使细小结晶溶解。但注意不要放在微波炉内加热，以免容器炸裂。

（2）静脉注射或滴注时，应用大号针头。滴速为每分钟 20% 注射液 5~10 mL，250 mL 液体应在 20~30 min 内注射完毕，速度慢会影响药物的治疗效果。

（3）药液对组织及静脉有较强的刺激作用，不能行皮下和肌内注射。静脉注射前确认针头在血管内方可给药，以免引起皮下水肿和静脉炎。

（4）治疗少尿患者时，初始用药可先用小剂量对肾功能进行测试。用药后若尿量每小时不超过 30~50 mL，可按医嘱给第二次，两次效果仍不显

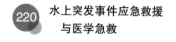

著应重新分析。

（5）注意观察患者的用药反应，如颅内高压的症状和体征，意识、神经反射、肢体活动情况，瞳孔是否等大。

（6）用药期间要密切监测患者的尿量、电解质水平、中心静脉压、肾功能等，以避免水或电解质失调、肾功能不全，昏迷或排尿困难的患者开始用药后，可给予导尿，这样既有利于精确计算尿量又可避免尿潴留。

三、甘油果糖

（一）药理作用

甘油果糖（glycerol and fructose）是高渗制剂，通过高渗透性脱水，能减少脑组织含水量，降低颅内压。其降低颅内压作用起效较缓，持续时间较长。

（二）药物应用

1. 适应证

用于脑血管病、脑外伤、脑肿瘤、颅内炎症及其他原因引起的急慢性颅内压增高、脑水肿等。

2. 禁忌证

遗传性果糖不耐受症、对药物任一成分过敏、高钠血症、无尿、严重脱水患者。

3. 用法

静脉滴注：治疗颅内压增高、脑水肿时，成人每次 250～500 mL，每天 1～2 次，每 500 mL 需滴注 2～3 h。根据年龄、症状可适当增减。

（三）注意事项

一般无不良反应，偶可出现溶血现象。用药期间监测患者血电解质水平、血压、心功能变化。

（张利远　何小卫）

《中国心肺复苏专家共识》之
腹部提压心肺复苏临床操作指南①

　　心搏骤停（cardiac arrest，CA）因其突发性、致命性而成为人类共同面临的"死敌"，全世界都为其倾注了大量的劳力财力。近年来，《2016中国心肺复苏专家共识》强调的中国心肺复苏生存环——即心搏骤停前期的预防预识预警的"三预"方针、心搏骤停中期的标准化多元化个体化的"三化"方法、心搏骤停后期的复生超生延生的"三生"方略，是针对心肺复苏（cardiopulmonary resuscitation，CPR）本质规律认识提供的解决方案。如何贯彻心肺复苏生存环理念，在围心搏骤停期对因地制宜、因人而异、因病而为地开展心肺复苏工作有着重要的指导意义。缘于实施传统的标准心肺复苏（standard cardiopulmonary resuscitation，STD-CPR）时受到胸外按压禁忌证限制，同时在实施STD-CPR过程中30%~80%并发肋骨或胸骨骨折、骨软骨交界分离，甚而导致肺损伤、胸膜及心脏损伤，从而限制了对CA患者高质量STD-CPR的实施，影响了CA患者的CPR成功率，如此种种，腹部提压心肺复苏法（active abdominal compression-decompression CPR，AACD-CPR）应运而生。如何使AACD-CPR方法能够恰当、灵活、正确地运用于CA的救治，由中国研究型医院学会心肺复苏学专业委员会、中国老年保健协会心肺复苏专业委员会、中华医学会科学普及分会及心肺复苏专家指导委员会、北京医学会灾难医学与心肺复苏分会、全军重症医学专业委员会心肺复苏学组、武警部队危重病专业委员会等组成的《中国心肺复苏专家共识》编委会，特颁布《中国心肺复苏专家共识》之腹部提压心肺复苏临

---

　　① 资料来源：解放军医学杂志，2019，44（6）：536-540。

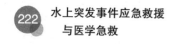

床操作指南。

一、适应证

依据《腹部提压心肺复苏专家共识》，AACD-CPR 是通过对 CA 患者提拉与按压腹部改变腹内压力使膈肌上下移动，进而改变胸腔压力发挥"腹泵"和"胸泵"等多泵效应，达到建立人工循环与呼吸的目的。AACD-CPR 适应证包括：① 开放性胸外伤或心脏贯通伤、胸部挤压伤伴 CA 且无开胸手术条件；② 胸部重度烧伤及严重剥脱性皮炎伴 CA；③ 大面积胸壁不稳定（连枷胸）、胸壁肿瘤、胸廓畸形伴 CA；④ 大量胸腔积液及严重胸膜病变伴 CA；⑤ 张力性及交通性气胸、严重肺大疱和重度肺实变伴 CA；⑥ 复杂先天性心脏病、严重心包积液、心包填塞以及某些人工瓣膜置换术者（胸外按压加压于置换瓣环可导致心脏创伤）；⑦ 主动脉缩窄、主动脉夹层、主动脉瘤破裂继发 CA；⑧ 纵隔感染或纵隔肿瘤伴 CA；⑨ 食管破裂、气管破裂伴 CA；⑩ 胸椎、胸廓畸形，颈椎、胸椎损伤伴 CA；⑪ STD-CPR 过程中出现胸肋骨骨折者。AACD-CPR 禁忌证为腹部外伤、腹主动脉瘤、膈肌破裂、腹腔器官出血、腹腔巨大肿物等。AACD-CPR 所使用的腹部提压心肺复苏仪针对成人患者设计，不适用于婴幼儿、儿童及体重<40 kg 或>150 kg 的患者等。相关数据显示，80%以上的 CA 发生于院外，面对院外我们无法掌控的复杂环境以及各不相同的病理生理特点，把握 AACD-CPR 的要点和精髓，因地制宜、因人而异、因病而为地运用其标准化、多元化、个体化方法是复苏成功的关键。

二、操作方法

经过多年临床摸索与实践，我们总结出标准化、多元化、个体化的 AACD-CPR 临床操作方法，即采用腹部提压心肺复苏仪（LW-1000）吸附于 CA 患者中上腹部，以 100 次/min 的频率连续交替对腹部实施向上提拉（提拉拉力 10~30 kg）和向下按压（按压压力 40~50 kg），达到同步建立人工循环和通气的 AACD-CPR，系统流程图如图 1 所示。

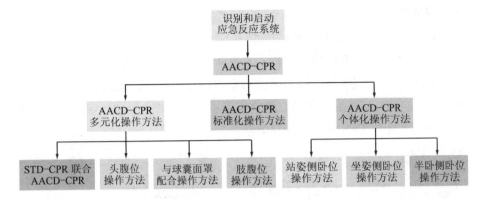

图1　腹部提压心肺复苏操作系统分类

（一）AACD-CPR 标准化操作方法

腹部提压心肺复苏标准化操作方法包括：① 跪在患者一侧（身体中线与患者肚脐和剑突的中点一致），双手抓紧手柄（图2a）；② 启动仪器，将仪器放置于患者的中上腹部自动吸附；③ 吸附完毕后，根据指示以 100 次/min 的速率进行腹部提压；④ 下压力度：40～50 kg，上提力度：10～30 kg；⑤ 提压过程中肘关节不可弯曲（图2b、c）；⑥ 提压时面板要与患者平行，使用过程中垂直进行提压（图2d），避免前后左右晃动；⑦ 操作完毕后，双手指按压吸附处皮肤，移除仪器，操作完毕。腹部提压心肺复苏标准化操作方法适用于有适度空间的医疗场所等。

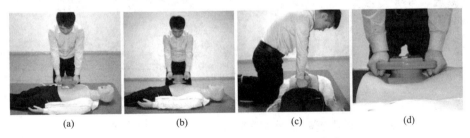

| | | | |
| (a) | (b) | (c) | (d) |

图2　腹部提压心肺复苏标准化操作方法

（二）AACD-CPR 多元化操作方法

多元化是在标准化的基本框架下的丰富和延伸，受制于空间受限（如直升机、灾难废墟等狭窄空间）、呼吸支持、联合胸外按压等场景，AACD-CPR 标准化方法无法施行时，多元化操作方法应势而出。主要有头腹位操作方法、肢腹位操作方法、胸腹联合操作方法、与球囊面罩配合操作方法等，具体如下。

1. AACD-CPR 头腹位操作方法

① 一人双腿岔开跪跨在被救者的头部；② 被救者腹部与仪器底板紧密结合；③ 右手抓握仪器面板与手柄右上角，左手抓握仪器面板与手柄左下角（图 3a、b）；④ 重心前倾，两臂与面板垂直（图 3c、d）；⑤ 其余操作同（一）AACD-CPR 标准化操作方法。

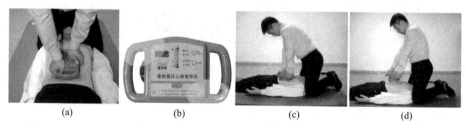

(a)　　　　　　　　(b)　　　　　　　　(c)　　　　　　　　(d)

图 3　腹部提压心肺复苏多元化头腹位操作方法

2. AACD-CPR 肢腹位操作方法

① 一人双腿岔开跪骑在被救者的髋关节处；② 将仪器放置于被救者腹部，腹部与底板紧密结合；③ 右手抓握仪器面板与手柄右上角，左手抓握仪器面板与手柄左下角（图 4a、b）；④ 重心前倾，两臂伸直，提压时与面板垂直（图 4c、d）；⑤ 其余操作同（一）AACD-CPR 标准化操作方法。

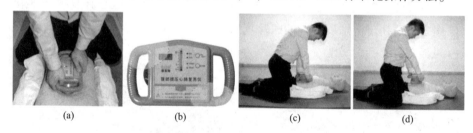

(a)　　　　　　　　(b)　　　　　　　　(c)　　　　　　　　(d)

图 4　腹部提压心肺复苏多元化肢腹位操作方法

3. AACD-CPR 胸腹联合操作方法

① 操作两人位于患者两侧相对；② 其中一人以标准形式进行胸外按压，具体为用左手掌跟紧贴患者的胸骨中下 1/3 处，两手重叠，左手五指翘起，双臂伸直，用上身力量连续用力按压 30 次（按压频率为 100 次/min，按压深度为胸骨下陷 5~6 cm，按压后保证胸骨完全回弹）；③ 另外一人将仪器放在患者的腹部，以 AACD-CPR 标准化操作方法进行操作［同（一）］；④ 在胸部按压胸廓回弹时同步按压腹部，按压胸部时同步上提腹

部，腹部与胸部按压频率比例为 1 : 1 （图 5a）。

4. AACD-CPR 与球囊面罩配合操作方法

① 使用球囊面罩的施救者跪于患者头侧；② 其中一人以 AACD-CPR 标准化操作方法进行操作 [同（一）]；③ 另一人用球囊面罩进行配合；④ 腹部提压 30 次，给予 2 次球囊给气，每次通气>1 s，球囊给气时，腹部上提，球囊舒张时，腹部下压（图 5b、c）。

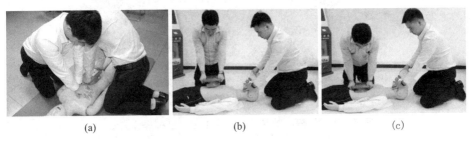

(a)　　　　　　　　　　(b)　　　　　　　　　　(c)

图 5　腹部提压心肺复苏多元化胸腹联合及与球囊面罩配合操作方法

（三）AACD-CPR 个体化操作方法

AACD-CPR 个体化强调关注每个个体的需求，本节主要探讨的是针对每个患者的实际，为其提供适情而定的个体化操作方法。个体化操作方法适用于空间受限（如直升机、灾难废墟等狭窄空间）、患者无法平躺、战场复杂环境等情景。主要有站姿侧卧位操作方法、坐姿侧卧位操作方法、半卧侧卧位操作方法等，具体如下。

1. AACD-CPR 站姿侧卧位操作方法

① 将患者摆放成侧卧位，后背硬物支撑；② 操作者身体呈弓步，两臂自然伸直与患者平面垂直（图 6a、b）；③ 其余操作同 AACD-CPR 标准化操作方法 [同（一）]。

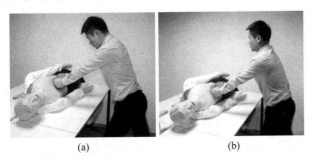

(a)　　　　　　　　　　(b)

图 6　腹部提压心肺复苏个体化站姿侧卧位操作方法

2. AACD-CPR 坐姿侧卧位操作方法

① 将患者摆放成侧卧位，后背硬物支撑；② 操作者于椅子上自然坐直，两臂自然伸直与患者平面垂直（图7a、b）；③ 其余操作同 AACD-CPR 标准化操作方法［同（一）］。

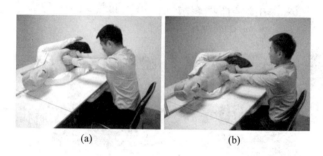

(a)　　　　　　　　　　(b)

图 7　腹部提压心肺复苏个体化坐姿侧卧位操作方法

3. AACD-CPR 半卧侧卧位操作方法

① 将患者摆放成侧卧位，后背硬物支撑；② 操作者半卧于患者正面，两臂自然伸直与患者平面垂直（图8a、b）；③ 其余操作同 AACD-CPR 标准化操作方法［同（一）］。

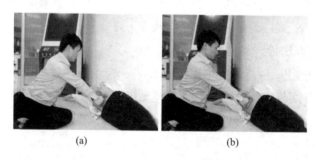

(a)　　　　　　　　　　(b)

图 8　腹部提压心肺复苏个体化半卧侧卧位操作方法

三、操作要义

通过运用腹部提压心肺复苏的标准化、多元化、个体化临床操作方法，AACD-CPR 为高质量 CPR 奠定了基础，实现了临床四大效应：一是开放气道的海姆立克效应，AACD-CPR 按压腹部时腹腔内压力上升致膈肌上移，迅速产生较高的呼出流速，排出气道和肺内潴留的异物，帮助患者畅通上下呼吸道。二是人工呼吸的通气效应，AACD-CPR 的呼吸模式在提拉与按压腹部促使膈肌上下移动，通过改变腹、胸腔内压力，促使肺部完成吸气与呼气动作，充分提供氧合。三是人工循环的增强效应，AACD-CPR 为患者建立人工循环时，当其提拉与按压腹部可驱使静脉血液回流增加，尤其是增加腹主动脉压的同时，提高了冠脉灌注压，增加了心排血量，建立更有效的人工循环。四是争分夺秒的时间效应，AACD-CPR 为患者进行复苏时，对上身的穿刺、气管插管等其他相关操作影响较小，充分提供血容量并提高了协同配合效率，同时为患者实施体外电除颤时，不需要停止按压，不影响腹部提压操作，充分为复苏赢得了宝贵时间。当 CA 患者无胸外按压禁忌证时可协同运用 AACD-CPR 和 STD-CPR 技术。AACD-CPR 可以对 STD-CPR 的抢救环节进行协同加强，提高 CPR 的效率和效果。当 CA 患者存在胸外按压禁忌证时，可运用 AACD-CPR 方法开放气道、协助呼吸、建立循环、放置电极贴片除颤而不需要停止按压，均能在与"死神"抗争、与时间赛跑上发挥作用。

《2018 中国心肺复苏培训专家共识》"三训"方案（训练专业的技能、训练多维的技艺、训练灵活的技法）的提出，进一步指导我们在心肺复苏的实际工作中，需要在专业的前提下，对心肺复苏方法进行多维、灵活的应用。本指南从 CA 患者实际出发，结合实地环境，通过临床实践而颁布的标准化、多元化、个体化临床操作方法，将为临床开展腹部提压心肺复苏技术提供指导性参考标准。

（中国研究型医院学会心肺复苏学专业委员会）